Barbara und Hans Otzen

Hals- und Beinbruch!
Redewendungen aus dem Alltag

Impressum

Barbara und Hans Otzen
Hals- und Beinbruch!
Redewendungen aus dem Alltag

1. Auflage 2021

Regionalia Verlag,
ein Imprint der Kraterleuchten GmbH,
Gartenstraße 3, 54550 Daun

Gestaltung, Satz, Umschlag: Björn Pollmeyer
Abbildungen: gemeinfrei, Archiv Otzen

Gedruckt auf feinstem Schleipen-Papier aus deutscher Herstellung
Hergestellt in der Europäischen Union, Finidr, CZ

FSC www.fsc.org MIX Papier aus verantwortungsvollen Quellen FSC® C014138

ISBN 978-3-95540-362-1
www.regionalia-verlag.de

Barbara und Hans Otzen

HALS- & BEINBRUCH!

Redewendungen aus dem Alltag

REGIONALIA
VERLAG

Inhalt

Vorwort

Unser Alltagssprache ist vielseitig. Sie steht im Gegensatz zur Amtssprache, zur Standardsprache, zur Hochsprache, zur Fachsprache ... Es ist die Sprache, die im täglichen Umgang benutzt wird, ein wenig nachlässig, ein wenig salopp, ein wenig derb – eben all das, was der Amtssprache fremd ist. Und da sie nicht exakt sein muss wie die Fachsprache, auch unpräzise sein kann und mit Andeutungen und Umschreibungen auskommt, kann sie auch bildhaft daherkommen. Ein typisches Beispiel für diese Bildhaftigkeit sind die Redewendungen. Der Duden definiert sie als »feste Verbindung von Wörtern, die zusammen eine bestimmte, meist bildliche Bedeutung haben«. Das klingt entsetzlich fachsprachlich. Aber tatsächlich bedeuten Redewendungen eine außerordentliche Bereicherung unserer Sprache. Man kann vieles im übertragenen Sinn ausdrücken, man braucht nicht so direkt zu sein. Und so braucht man nicht zu fragen »Hast Du die Schule geschwänzt?« oder »Bist Du nicht zur Arbeit gegangen?«, sondern man fragt viel sanfter: »Hast du blau gemacht?«

So umschreiben die Redewendungen, um die es in diesem Buch geht, ganz alltägliche Situationen: Es geht um Stress, um Gesundheit, Leben und Tod, um Angst, um Gefühle, um Eifersucht, um Prüfungssorgen, um das leibliche Wohl und um viel Zwischenmenschliches. Es ist also für jeden Leser etwas dabei.

Wir wünschen viel Vergnügen bei der Lektüre!

Barbara und Hans Otzen

GESUNDHEIT & KRANKHEIT

Das juckt mich nicht

Pruritus (lat. *prurire* = jucken) bezeichnet eine unangenehme Empfindung der Haut, die eine Abwehrreaktion (Kratzen) hervorruft. Dieser Juckreiz ist ein nützlicher Schutzmechanismus. Durch das Kratzen sollen schädliche Parasiten von der Haut entfernt werden, um diese unangenehme Empfindung zu lindern oder gar zu beseitigen. Erwiesen ist, dass der Juckreiz unter Stress verstärkt wird, Entspannung und Ausgeglichenheit sorgen für das Nachlassen des Reizes.

Wenn jemand etwas nicht interessiert, es ihm egal ist, dann juckt es ihn also im übertragenen Sinn auch nicht – das bedeutet, dass er ganz entspannt und ausgeglichen ist. Eine literarische Steigerung erfuhr die Redewendung durch Walter Kempowski in seinem 1975 erschienenen Roman *Tadellöser & Wolf*, aus dem viele Sprüche und Redensarten aus Gesprächen der Familienmitglieder untereinander Eingang in die deutsche Alltagssprache gefunden haben. Dies gilt auch für das nachfolgende Beispiel aus einer Gesprächsszene mit Mutter Greta im Jahr 1939, in der sie die unordentliche Frisur ihres Sohnes Robert beanstandet, die ihm auch schon bei der HJ Schwierigkeiten eingebracht hat, und der darauf antwortet: »Was kümmert es die stolze Eiche, wenn sich ein Borstenvieh dran wetzt.«

Einen Kloß im Hals haben

Hippokrates von Kos

Wenn man vor Aufregung, Angst oder Rührung nicht mehr sprechen kann, dann hat man einen Kloß im Hals. Dieses Gefühl, unabhängig von der Nahrungsaufnahme einen Fremdkörper im Rachen oder Hals zu haben, nennt man medizinisch Globus hystericus, das Globussyndrom (lat. *globus* = Kugel, Klumpen). Damit kommt das würgende Gefühl, das einen unter psychischem Druck quält, zum Ausdruck. Es ähnelt dem Gefühl, etwas nicht gut genug Durchgekautes verschluckt zu haben. Sofern beim Patienten dafür keine organischen Ursachen vorliegen, ist Stress in allen erdenklichen Formen die Ursache.

Schon der griechische Arzt Hippokrates von Kos (ca. 460–370 v. Chr.) sah hysterische Ursachen in dem Gefühl, einen Kloß im Hals zu haben. Er führte dies allerdings auf das Wandern des Uterus zurück, was sich aber bis heute nicht bewahrheitet hat.

Es gibt noch eine weitere Erklärung für das Gefühl, einen Kloß im Hals zu haben. Dieser Ansatz geht auf die Theatersprache des 19. Jahrhunderts zurück, die im übertragenen Sinn durch einen Kloß (oder Knödel) im Hals geprägt ist. »Knödeln« heißt dann auch mit gepresster Stimme sprechen oder singen, oder abschätzig: »Der Tenor hatte die ganze Zeit einen Kloß im Hals«.

Jetzt platzt mir aber der Kragen

Bis in das 18. Jahrhundert hinein wurden die Begriffe »Hals« und »Kragen« identisch gebraucht. Die Übertragung auf die Bekleidung (Hemdkragen) erfolgte erst danach. Die meisten Redensarten, die den Begriff »Kragen« beinhalten, beziehen sich eigentlich auf den Hals. Das gilt beispielsweise, wenn es jemand an den Kragen geht, genauso, wenn jemand der Kragen platzt. Die Textilmode des 19. Jahrhunderts bürdete Männern enge, gesteifte Kragen auf. Wenn in einem dieser Männer Wut aufkam, schwoll sein Hals an, weil der enge Kragen diesen einschnürte. Das sah dann so aus, als ob ihm gleich der Hals platzt – den man früher eben als Kragen bezeichnete.

Das Anschwellen der Arteria carotis (Halsschlagader) ist, solange kein klinisches Problem besteht, ein sinnvoller körperlicher Vorgang, der durch Anstrengung oder eben Wut ausgelöst wird. So kann der Körper mehr Blut in das Gehirn pumpen, um mit der schwierigen Situation besser umgehen zu können.

Mit seiner Gesundheit Raubbau betreiben

Jacob und Wilhelm Grimm erklären in ihrem 16-bändigen Deutschen Wörterbuch (1854–61) den Begriff des Raubbaus wie folgt: *»bau blosz auf schnelle beute hin, ohne rücksicht auf spätere ertragsfähigkeit«*. Und speziell auf den bergmännischen Raubbau bezogen sagen sie: *»derjenige abbau, bei welchem auf eine rationelle und vollständige gewinnung sowie auf späteren betrieb keine rücksicht genommen, sondern blosz der augenblicklich und mit geringem kostenaufwande zu erzielende gewinn ins auge gefaszt und daher nur das beste genommen wird«*. Der Begriff des Raubbaus ist wahrscheinlich schon von Goethe geprägt worden, als er seiner Tätigkeit als herzoglicher Berginspektor nachging.

Mit seiner Gesundheit Raubbau betreiben heißt, sich nicht ausgewogen zu ernähren, zu viel Kalorien, Fett, Alkohol und Zucker zu sich zu nehmen, sich flankierend zu wenig zu bewegen, keine Arbeitspausen einzulegen – dem Körper mehr abzuverlangen, als er leisten kann. Heute wird der Begriff des Raubbaus über die Gesundheit und die Rohstoffe, speziell den Bergbau, hinaus auch auf die Natur im Allgemeinen, die Wälder, die Äcker, die Fisch-, Wild- und Weideressourcen etc. bezogen.

Die Gebrüder Grimm: Zeitgenössischer Stich

Muffensausen haben

Angst ist ein emotionales Grundgefühl, das den Menschen vollständig in Anspruch nimmt. Sie entsteht angesichts bedrohlich empfundener Situationen. Dabei kommt es zu Reaktionen, die in unterschiedlichen Redensarten zum Ausdruck kommen, wie etwa »Ich mache mir vor Angst in die Hose« oder »Ich habe Schiss« – oder eben »Muffensausen haben«. Diese Reaktionen haben letztlich den Sinn, aus der Gefahrensituation schnell flüchten zu können, beziehungsweise die Gefahr abzuwenden. Sie zeigen Abläufe des sympathischen Nervensystems, die auf lange evolutionäre Prozesse zurückgreifen. Der Herzschlag nimmt zu, der Blutdruck steigt, der Körper schwitzt, der Atem wird schneller, und nicht zuletzt erschlafft bei großer Angst der vorher verkrampfte Schließmuskel und die Muffe »saust«. Im Extremfall kann es zu diesem Muffensausen auch noch zur Darmentleerung kommen.

Umgangssprachlich ist die Muffe ein Verschlussstück am Ende eines Rohres und steht in diesem Zusammenhang als Ausdruck für den Darmausgang. Der Begriff selbst stammt aus dem Französischen und bezeichnet einen Pelz zum Warmhalten der Hände (franz. *moufle* = Pelzhandschuh).

Jemanden zur Ader lassen

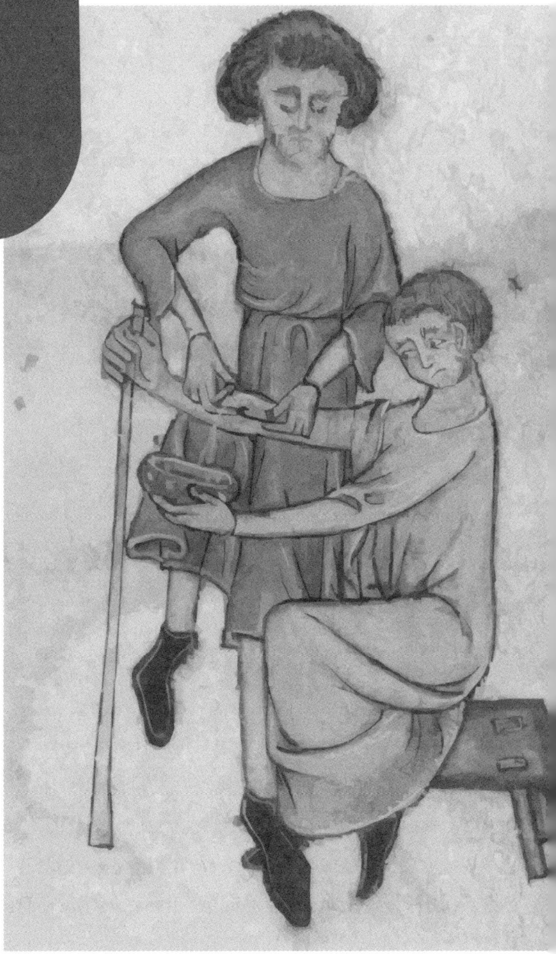

Aderlass: England, 14. Jahrhundert. Miniatur aus dem Luttrell-Psalter

Wer zur Ader gelassen wird, wird finanziell ausgebeutet. Diese Redewendung geht auf das Mittelalter zurück, als der Aderlass eine häufig angewandte medizinische Therapie war. Diese Therapie beruht auf der Säftelehre, der in der Antike ausgebildeten Krankheitslehre von den Körpersäften. Bei diesen Leibesfeuchten handelt es sich um die Gelbe Galle *(cholera)*, die Schwarze Galle *(melancholia)*, um Blut *(sanguis)* und Schleim *(phlegma)*, die über das Blut und über die Nerven im Körper verbreitet werden. War das Gleichgewicht der Leibesfeuchten in

Unordnung, war dies ein Zeichen für Krankheit. Um das Gleichgewicht wieder herzustellen, wurde der Aderlass betrieben. Hildegard von Bingen zum Beispiel gab genaue Anweisungen, wie zur Entgiftung des Körpers vorgegangen werden muss.

Aderlass: Französische Miniatur 13. Jahrhundert

Kurpfuscher und mittelalterliche Bader waren Meister in der Kunst des Aderlasses, der sich effektvoll anwenden und gut honorieren ließ. Teilweise wurde der Aderlass – und auch das Schröpfen – exzessiv betrieben. Denn Blut war in der Vorstellung der damaligen Welt eine so wertvolle Flüssigkeit, dass sie direkt oder indirekt auch mit Geld in Bezug gebracht wurde – was auch zur heutigen Bedeutung der Redewendung »zur Ader lassen« beigetragen hat. Erst die moderne Medizin brachte seit dem 18. Jahrhundert die Vorstellung vom Gleichgewicht der Säfte zu Fall. Heute wird der Aderlass nur noch in ganz bestimmten Fällen eingesetzt, wobei das verlorene Volumen durch eine Infusion ersetzt wird, so beispielsweise zum Eisenentzug oder zur Verdünnung des Blutes, um dessen Fließeigenschaften zu verbessern.

Ohne Saft und Kraft

Wenn wir uns schlapp und elend fühlen, keinen Schwung und keine Energie haben, dann sind wir ohne Saft und Kraft. Diese Redewendung führt uns zurück in die Antike.

Von zentraler Bedeutung für die antike Medizin ist bis weit über das Mittelalter hinaus die Säftelehre (»Humoralpathologie« von lat. *(h)umor* = Saft, Flüssigkeit). Sie geht auf die Ärzte Hippokrates († um 370 v. Chr.) und Galenus († um 199 n. Chr.) zurück. Danach entstehen Krankheiten, wenn die Mischung der Körpersäfte nicht stimmig ist. Vier Kardinalsäfte gibt es, nämlich Schwarze Galle (*melancholia*), Schleim *(phlegma)*, Gelbe Galle *(cholera)* und Blut *(sanguis)*. Diese Säfte stehen in Relation zu den Temperamenten. Je nachdem, welcher der Säfte vorherrscht, ist der Mensch ein Sanguiniker (lat. *sanguis* = Blut), ein Phlegmatiker (griech. *phlegma* = Schleim), ein Melancholiker (griech. *melancholos* = schwarze Galle) oder ein Choleriker (griech. *chole* = gelbe Galle). So zum Beispiel erzeugt zu viel gelbe Galle Neid, Missgunst und ärgerliche Erregung. Eines der wichtigsten Heilmittel stellte der Aderlass dar, der die Mischungsverhältnisse im Blut wieder richten sollte. Doch den Aderlass hat die moderne Medizin als meistens nicht zielführend wieder abgeschafft. Und so fühlen wir uns einfach müde, kraftlos und ohne jeden rechten Schwung, wenn unsere Körpersäfte nicht in Harmonie miteinander sind.

ARME & BEINE

Das Herz auf der Zunge tragen

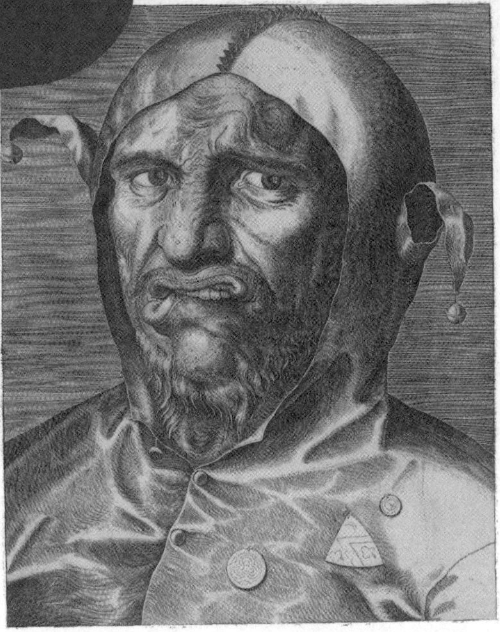

Narr, zeitgenössischer Stich um 1600

Die Redewendung vom Menschen, der sein Herz auf der Zunge trägt, hat einen Bedeutungswandel vollzogen. Früher wurde dieser Redewendung eine negative Bedeutung im Sinn von »geschwätzig sein« beigemessen. So heißt es im altbiblischen Buch Jesus Sirach 21,28: *»Die Narren tragen ihr Herz auf der Zunge; aber die Weisen haben ihren Mund im Herzen«.* Heute hat sich eine eher positive Bedeutung im Sinn von »offenherzig sein« durchgesetzt. Wenn jemand sein Herz auf der Zunge trägt, sagt er geradeheraus, was er denkt und fühlt, und steht zu seinen Gefühlen. Dennoch bleibt ein negativer Touch. Umgangssprachlich bezeichnet die Redewendung auch Menschen, die nichts bei sich behalten können und ohne Rücksicht auf die Gefühle anderer Menschen ihre Meinung sagen, also auch ins Fettnäpfchen treten.

Einen Zahn zulegen

Die mittelalterliche Küche in den Burgen bestand aus einer Feuerstelle über einem offenen Kamin. Mithilfe eines im Kamingewölbe angebrachten, sägeförmig handgeschmiedeten Kesselhakens, auch Hale oder Haleisen genannt, konnte man verschiedene Wärmestufen beim Kochen einstellen. Indem man den Kessel mit der zuzubereitenden Speise in unterschiedlicher Höhe über dem Feuer in eine Zacke einhängte, konnte man die Temperatur im Kessel regulieren. Je tiefer der Kessel über dem Feuer hing, umso schneller garte die Speise. Wenn man also einen Zahn zulegte, konnte man den Garprozess beschleunigen. Nun sind sich heute aber alle Sprachwissenschaftler einig, dass diese romantische Deutung vom zugelegten Zahn nicht die richtige ist.

Tatsächlich bezieht sich die Redewendung auf die Zacken technischer Zahnräder. Als es noch keine stufenlose Gasregulierung für Kraftfahrzeuge gab, wurde deren Geschwindigkeit mit einem Handgashebel über einen Zahnkranz reguliert. So resultiert aus dieser Eigenschaft die seit den 1920er Jahren überlieferte Redewendung vom zugelegten Zahn. Und seit den 1930er Jahren bezeichnete ein Mordszahn nicht nur ein schönes Mädchen, sondern auch eine sehr hohe Geschwindigkeit.

Feuerstelle im Mittelalter

Hals- und Beinbruch

Wenn man jemandem gutes Gelingen wünscht, dann ist es seit dem 17. Jahrhundert üblich, ihm Hals- und Beinbruch zu wünschen. Doch ist es zunächst einmal nicht befremdlich, jemandem beispielsweise vor einer Prüfung nicht zu sagen, ihm möge viel Glück oder viel Erfolg, sondern Hals- und Beinbruch widerfahren?

Woher kommt dieser unfromme Wunsch?

Menschen jüdischen Glaubens wünschen sich aus den verschiedensten Anlässen *hazlacha we beracha* – das heißt »Erfolg und Segen«. Oder auch jiddisch *hazloche un broche*. Durch Verballhornung in der deutschen Sprache wurde daraus in Lautmalerei »Hals- und Beinbruch«. Dahinter steckt auch der Aberglaube, dass gute Wünsche genau das Gegenteil bewirken, wenn man sie geradeheraus ausspricht. Um die Götter nicht herauszufordern oder neidisch zu machen, beschwört man das Gute, indem man Böses wünscht.

In der Seemannssprache gibt es Vergleichbares. Auch dort wünscht man jemandem lieber das, was man ihm eigentlich gerade nicht wünscht, um kein Unheil heraufzubeschwören. Diesem Grundgedanken verdanken Seeleute ihren Seglergruß »Mast- und Schotbruch« – »… und immer eine Handbreit Wasser unter dem Kiel« gehört noch zum Gruß dazu.

Stehenden Fußes

Wenn man etwas auf der Stelle, sogleich, sofort, augenblicklich tut, dann tut man es stehenden Fußes. Um den Sinn dieser Redewendung zu erkennen, muss man weit in das Rechtswesen des Mittelalters zurückblicken. Wenn Gericht gehalten und das Urteil gesprochen war, musste der Verurteilte sofort Einspruch einlegen bzw. appellieren, wie es damals hieß. Verließ er das Gericht ohne dies zu tun, dann galt das Urteil als angenommen.

Stante pede, wie es auf (Gerichts-)Latein hieß, war also örtlich gemeint, auf den Ort der Gerichtsversammlung bezogen, und basierte auch schon auf römischem Recht. Oder besser noch *stante pede et viva voce* (= stehenden Fußes und mit lauter Stimme), damit man den Verurteilten auch verstand. Widerspruchsfristen gab es nicht, wären auch bei den selten stattfindenden Gerichtsverhandlungen nicht möglich gewesen. Mit der Zeit entwickelte sich aus dem örtlichen ein zeitlicher Sinn der Redewendung. Wie sonst sollte man die daraus entstandene Formulierung »Er soll stehenden Fußes herkommen!«, die schon seit dem 17. Jahrhundert bekannt ist, verstehen? Auch Friedrich Schiller verwendet die Redewendung in seinem 1804 verfassten Drama *Wilhelm Tell* (I,2), indem er den Stauffacher sagen läßt: *»Nach Uri fahr ich stehnden Fußes gleich«.*

Wilhelm Tell: Zeichnung von Ernst Stückelberg, 1880

Mit Argusaugen hüten

Zeus auf einer altgriechischen Münze

Die griechische Sagenwelt war schillernd, und viele ihrer Heldinnen und Helden hatten durchaus menschliche Züge. In diesem Beispiel geht es um Zeus, den »Chef« im Götterhimmel und seine Gemahlin Hera, die stets eifersüchtig war. Sie hatte auch allen Grund dazu.

Zeus hatte ein Auge auf die schöne Priesterin Io geworfen, doch Hera hatte das schon im Voraus geahnt. Um Io vor Hera zu schützen, verwandelte Zeus sie in eine Kuh. Hera, nicht weniger listig als ihr Gatte, bat diesen, ihm diese Kuh zu schenken. Das konnte Zeus nicht ablehnen. Hera übergab daraufhin die Kuh Io dem stets wachsamen Hirten Argos Panoptes (= der Vielsehende), der mit hundert Augen ausgestattet war und im Schlaf immer eine Hälfte davon offen ließ. Zeus war über diese Art der Rache der Göttin Hera so erbost, dass er den Götterboten Hermes beauftragte, Argos mit seinem betörenden Flötenspiel einzuschläfern und ihn dann zu töten. Jetzt konnte Io zwar fliehen, aber nicht der Rache der Göttin Hera entkommen. Zeus erkannte die Gefahr und ließ von Io ab, und da gab ihr Hera wieder ihre Menschengestalt zurück.

So bedeutet die Redewendung von den Argusaugen (Argus ist die römische Bezeichnung für Argos) bis heute, dass jemand etwas unaufhörlich und unermüdlich beobachtet, etwas nicht aus den Augen lässt, scharf blickend oder gar ein Wächter ist.

Statue der Göttermutter Hera

Auf großem Fuße leben

spätmittelalterliches Schusterwappen

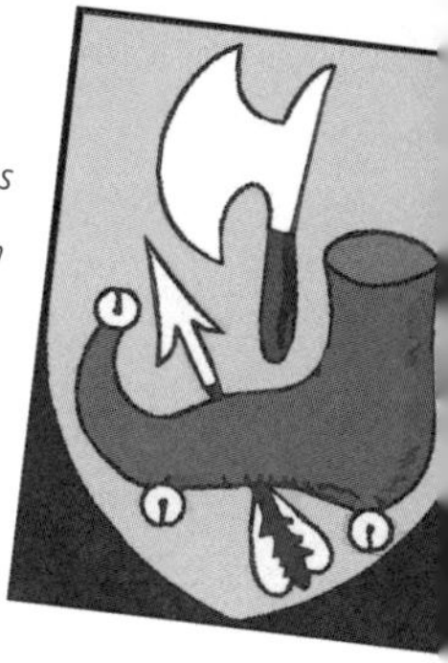

Wer gut, teuer und luxuriös lebt, der lebt auf großem Fuß. Wer einen solcherart verschwenderischen Lebensstil führt, gerät in Verdacht, über seine Verhältnisse zu leben – was an sich schon eine Redensart ist.

Die Suche nach dem Ursprung der Redensart über große Füße führt ins Mittelalter zurück. Da findet man verschiedene Versionen. Eine dieser Versionen besagt, dass Graf Fulko von Anjou der Verursacher ist. Nun gab es fünf Grafen von Anjou, die zwischen dem 9. und 12. Jahrhundert gelebt haben. Egal welcher – einer von ihnen hatte eine Fußmissbildung, die er durch überlange Schuhe verbergen wollte. Dies sei auch der Ursprung der mittelalterlichen Schnabelschuhe gewesen, die dann im 12. Jahrhundert allgemein in Mode kamen. Während die Bürger Schuhe in der Größe ihrer Füße trugen, zeigten sich die Ritter mit Schuhwerk, das um die Hälfte länger war. Damit wurde nicht nur der Standesunterschied dokumentiert, sondern auch demonstriert, wer körperlich arbeiten musste – was man mit zu langen Schuhen beim besten Willen nicht konnte.

Eine weitere Version besagt, dass die langen Schnabelschuhe so kostspielig waren, dass sich die einfachen Bürger sie gar nicht leisten konnten. Wer also Schnabelschuhe trug, zeigte damit seinen Wohlstand und »lebte auf großem Fuße«.

ESSEN & TRINKEN

Eine Milchmädchenrechnung aufmachen

Als Milchmädchenrechnung wird eine Planung, Argumentation oder Kalkulation bezeichnet, die auf Trugschlüssen beruht und von vornherein nicht funktionieren kann, aber vordergründig zu einem plausiblen, tatsächlich jedoch unzutreffenden Ergebnis kommt. Dieser weithin gebräuchliche Begriff ist sogar in die Börsensprache übernommen worden. Als Milchmädchen-Hausse wird der letzte Abschnitt einer Aufwärtsbewegung an der Börse bezeichnet, wenn im Glauben an noch weitere Kurssteigerungen auch Bevölkerungsschichten, die ansonsten der Börse fern bleiben, nun auch einsteigen – und damit einen Kursrutsch verursachen.

Für die Redewendung zur Milchmädchenrechnung gibt es zwei Erklärungen. Der plausibelste Hinweis führt zu dem französischen Fabeldichter Jean de la Fontaine (1621–1695) und seiner Fabel »La Laitière et le Pot au Lait« (Das Milchmädchen und der Milchtopf). Sie handelt von der Bauernmagd Perrette, die mit einem Milchtopf auf dem Kopf in die Stadt geht, um die Milch dort zu verkaufen. Unterwegs träumt sie davon, was sie mit dem Erlös alles machen könnte. Sie könnte Hühner kaufen, ein Schwein, dann ein Kalb und später sogar eine Kuh. Vor Freude beginnt sie zu tanzen. Doch da fällt ihr der Krug zu Boden, zerbricht und die Milch verteilt sich über den Boden ...

Da tanzte ihr vom Kopf
der milchgefüllte Topf –
ade, ihr Hühner, Schweine, Kuh und Kälber!
Die ganze Herrlichkeit zerfloß vor ihren Füßen,
wie schöne Träume beim Erwachen jäh zerfließen.
Die Leute aber haben lange noch gelacht
Und aus Perrettes Milchtopf einen Schwank gemacht.

Die zweite Erklärung bezieht sich auf das im Spreewald gebürtige Milchmädchen Anna Schnasing, das in den 1880er Jahren als Milchverkäuferin bei der Molkerei Bolle an der Stadtgrenze von Berlin arbeitete. Weil sie nicht richtig rechnen konnte, wurde sie auch schon mal von Kunden betrogen. Als sie von einem Aufenthalt zuhause nach Berlin zurückkehrte, konnte sie auf einmal rechnen, indem sie ihre Finger zu Hilfe nahm. Einem Privatdozenten als einem ihrer Kunden fiel Annas Fingerfertigkeit auf und er schrieb über dieses Phänomen sogar einen Artikel in einer Fachzeitschrift unter dem Titel »Algebraische Fingerfertigkeiten«. Woher sie ihre Fingerfertigkeit hatte, ist nicht mehr bekannt. Jedenfalls machte sie bei Bolle noch Karriere und wurde in die Buchhaltung übernommen.

Lucas van der Leiden: Das Milchmädchen, Kupferstich 1510

Es zieht wie Hechtsuppe

Wenn ein starker Luftzug herrscht, wenn zum Beispiel Fenster und Tür gleichzeitig geöffnet sind, zieht es wie Hechtsuppe. Es gibt mehrere Deutungsarten für diese Redewendung, aber ganz sicher ist man bei keiner.

Zum einen wird angenommen, dass es sich bei der Redewendung um eine aus dem jiddischen Sprachgebrauch übernommene Eindeutschung handelt. Danach bedeutet *hech supha* übersetzt Sturmwind. Und da eine Hechtsuppe ja langsam ziehen muss, entstand daraus im Laufe der Zeit die Redensart »es zieht wie Hechtsuppe«, was die nächste Erklärung wäre. Eine alternative, aber weniger überzeugende Variante bezieht sich darauf, dass Hechtsuppe durch Gewürze wie Pfeffer oder Meerrettich sehr scharf ist, also im Mund zieht wie ein kalter Luftzug.

Mir läuft das Wasser im Mund zusammen

Die Jungfrau stund
bei diesen Worten
wie eine Rose da
und, wer sie sah,
dem wässerte der Mund.

Diese Zeilen stammen aus dem zweiten Teil der Verserzählung *Das Wintermärchen* von Christoph Martin Wieland aus dem Jahr 1796. Dass einem beim Anblick eines schönen Mädchens das Wasser im Mund zusammenläuft, ist heute nicht mehr der tiefere Sinn dieser Redewendung. Heute bezieht sie sich auf leckere Speisen.

Wenn einem das Wasser im Mund zusammenläuft, dann hat man großen Appetit aufs Essen. Schon beim Anblick einer attraktiven Speise wächst die Erwartung. Noch wirkungsvoller ist der Geruch. Wir stellen uns den Geschmack des Essens vor, und schon beginnt der Speichel zu laufen. Dies ist ein Reflex, denn wir erinnern uns in diesem Moment an solches Essen und wissen, wie es uns mundet.

Die Speichelproduktion erfolgt in der Mundhöhle durch drei Drüsen, die Unterkieferdrüse, die Unterzungendrüse und die Ohrspeicheldrüse. Der Speichel macht die Nahrung breiig, so dass sie besser durch die Speiseröhre gleiten kann. Durch den Speichel beginnt die Verdauung der Nahrung schon im Mund. Er enthält das Enzym Amylase, das die Nahrung aufzuschließen beginnt, beispielsweise, indem es Kohlenhydrate in Zucker aufspaltet – wer lange auf Brot kaut, bemerkt einen süßen Geschmack. War die Nahrung auch salzhaltig, so gibt es über das Gehirn einen Reflex, noch mehr davon zu sich zu nehmen. Man bekommt »Appetit auf mehr«. Geschmacksverstärker wirken noch intensiver in diese Richtung. Daher kommt es, dass wir bei Knabberkram nicht aufhören können zu essen. Trockene Chips oder gesalzene Nüsse benötigen viel Speichel zum Schlucken, so dass das Verlangen kaum zu noch zu bremsen ist.

Christoph Martin Wieland

Jemandem das Wasser nicht reichen können

Diese Redewendung findet ihren Sinn in der Zeit des Mittelalters, als noch mit den Händen gegessen wurde. Besteck gab es noch nicht, einzig einen Löffel für die Suppe trug jeder bei sich, dieser war also persönlicher Besitz. Es sei in diesem Zusammenhang auf die Redewendung »den Löffel abgeben« hingewiesen, denn da man seinen Löffel bis zum Lebensende behielt, wurde dieser zu einem Symbol für das Leben schlechthin. Wer also seinen Löffel abgab, der schied dahin ...

Sitte war es an der gehobenen mittelalterlichen Tafel, jedem Gast nach der Mahlzeit eine Schüssel Wasser zu reichen, damit er sich die Hände reinigen konnte. Aus vielen Quellen weiß man heute, wie selbstverständlich dieses *wazzer nemen* war. Offeriert wurde das Wasser nicht von irgendjemandem, es musste schon ein Page sein, also jemand aus den eigenen Reihen. Wer es also nicht wert war, den Gästen das Wasser zu reichen, der taugte nicht zu höheren Aufgaben, der war einfach nicht ebenbürtig.

Der Brauch, Wasser zu reichen, lässt sich bis weit in die Antike zurückverfolgen. So heißt es im Alten Testament im Buch der Könige 3,11: *»Ist kein Prophet des Herrn hie, daß wir den Herrn durch ihn ratfragten? Da antwortete einer unter den Knechten des Königs Israels und sprach: Hie ist Elisa, der Sohn Saphats, der Elia Wasser auf die Hände goß.«*

Auch Goethe bediente sich der Metapher des Wasserreichens in seinem *Faust,* Kapitel 22 (»Nacht. Straße vor Gretchens Türe«), wo er den Soldaten Valentin, Gretchens Bruder, sagen lässt:

»Wenn ich so saß bei einem Gelag,
Wo mancher sich berühmen mag,
Und die Gesellen mir den Flor
Der Mägdlein laut gepriesen vor,
Mit vollem Glas das Lob verschwemmt,
Den Ellenbogen aufgestemmt,
Saß ich in meiner sichern Ruh,
Hört all dem Schwadronieren zu
Und streiche lächelnd meinen Bart
Und kriege das volle Glas zur Hand
Und sage: »Alles nach seiner Art!
Aber ist eine im ganzen Land,
Die meiner trauten Gretel gleicht,
Die meiner Schwester das Wasser reicht?«

Gustav Schlick und Adolf Hohneck: Illustration zu Goethe, Faust I, Szene: Gretchens Stube, 1834

Ein Haar in der Suppe finden

Hans Jakob Christoffel von Grimmelshausen

Wer ein Haar in der Suppe findet, sieht nur das Schlechte, das Negative in der Welt. Derjenige hat an allem etwas auszusetzen, hat eine pessimistische Lebenseinstellung. Dieser Ausdruck für eine negative Grundeinstellung kommt ursprünglich aus der Gastronomie. Während Haare eigentlich als Symbol der Jugend und Vitalität gelten, sind sie in der Suppe unerwünscht, gar ekelerregend. Bei Grimmelshausen (1622–76) werden in seinem *Simplicissimus* die zwei Seiten dieser Redewendung deutlich, nämlich einerseits die Nörgelei und andererseits das scharfe Auge, zu der er im 4. Band des Werkes sagen lässt: *»Weil er auch in einem Ei ein Haar finden könne, solle er sagen, woran es dieser Tafel mangele«*. Bei dem Dichter Christian Friedrich Hebbel (1813–63) heißt es in seinen Neuen Epigrammen: *»Mancher findet nur darum ein Haar in der Suppe, weil er das eigene Haupt schüttelt, solange er ißt«*.

Das Salz in der Suppe

Wenn man eine Hauptsache pointiert umschreiben will, dann bezeichnet man sie als das Salz in der Suppe. Und wer nicht das Salz in der Suppe verdient, der ist es nicht wert.

Salz ist für uns heute ein alltägliches Produkt. Früher war Salz kostbar, wurde gar mit Gold aufgewogen. Bevor preiswerte Konservierungsverfahren erfunden wurden, war Salz eines der wenigen Mittel, um Nahrungsmittel haltbar zu machen. Und früher hatte auch die Suppe eine ganz andere Bedeutung. Für die arme Bevölkerung stellte Suppe (Brei) die alltägliche Ernährung dar. Und wenn man sich schon damit begnügen musste, dann wenigstens mit Salz gewürzt. Eine kleine Prise reichte ja schon.

Und da Salz so wichtig war, haben sich viele Redewendungen darum gebildet. Wenn man zum Beispiel jemandem die Suppe versalzt, dann schadet man ihm, verdirbt ihm etwas. Und wenn man jemandem nicht das Salz in der Suppe gönnt, geht es um Neid oder Missgunst. Und wer nicht zuletzt zur Salzsäule erstarrt, bleibt wie angewurzelt stehen. Den Ursprung dieser letzten Redewendung finden wir in der

Bibel. Das 1. Buch Mose 19,26 beschreibt die Flucht Lots und seiner Familie aus der brennenden Stadt Sodom. Gott verbietet ihnen, sich nach der lasterhaften Stadt umzudrehen. Aber Lots Frau ist nicht gehorsam und schaut zurück. Daraufhin erstarrt sie zur Salzsäule.

der werlt   Blat XXI

Saruch der sun Regan ist im. ij^m. ij^c. v. iar der werlt geporn. vnd lebet. ij^c. xxx. iar vnd starb.

Nachor der erst sun saruch ist geporn. iij^m. xxxv. iar der werlt. lebet. c. xlviij. iar vnd starb.

Thare der sun nachor ist geporen. iij^m. j^c. xiiij. iar der werlt. lebt. ij^c. v. iar het drey sün abrahā nachor vñ arā. Arā der drit sun thare het ein sun vnd. ij. töchter. Saray abrahās weib. Melcha nachors weib. Loth der sun Aram het zwen sün. Moab der erst sun ein vater Moabitarum. Amon der ander sun ein vater Amonitarum.

Do Arā geporn het loth seinen ainigen sun. vnd sein tochter Sarā. vñ Melchā do starb er vnder den caldeern in der caldeer statt vr genāt. vnd sein brüder haben sein töchter. als nachor melchā. vñ abrahā zu weibē genomē. Nw hasset thare das lāt der caldeer von wegē der abgöterey die sie ertē. dañ sie bette das fewer an. auch vō bewaynūg wegē arams seins suns. darūb zohe er mit den seinē in charā die statt mesopotamie vñ starb zeletst daselbst als er het gelebt. ij^c. v. iar. dañ ietzo hettē die mēschē angefangē am lebē abzenemē vnd warden die tag des mēschē vō weil zu weil kürtzer bis auff dz geslecht moysi

Sodoma vnd Gomorra vnd die andern stett sind (als die schrifft sagt) zu rachsale der schentlichē vnzimlichē sünde vō dem herrē angezundet vnd allain Loth mit zweien töchtern vnd sein weib behalten worden. dañ sie tettē allen den die zu ine komen sinaheit. darūmb tete auch got die gantzen gegent mitenander außrewten. Do nw abrahā lxxxviij. iar alt die beschneidung genomen vnd von der gepurt ysaac verhayssung empfangen het. zu der selben zeyt als Loth vnder dem thor der stat zodoma wartet die armen zeladen do sahe er zwen engel in gestalt der iungling komē die bate er bey ime zuherberg zesein. als sie nw in sein haws giegen do vmbgabe alles volck Sodomorū das haws Loth. vnd vorderten die iungling vermainēde sich der selben mißprauchen. aber wiewol ine Loth zwu sein töchter überantwurtet. so waren sie doch des nit benügig. sunder als sie schier die thür prechē woltē do fürten die engel Loth in sein haws vnd verplenten die zodomitten alle das sie die thür nit funden. vnd verkündtē vmbkerung der stat vñ do loth diß seinē töchter mannē verkūdet do verachten sie das. Die engel fürten Loth sein weib vñ zwu töchter von der stat mit dē gebote das sie sich in dem berg enthalten vnd nit hindersich sehen soltē. aber do Lothe weib wider der engel gepot geparende als het sie der stat sorg hindersich gesehen het ward sie in ein saltzsewln gekert. vnd fewr vñ swebel regnet über zodomā; gomorrā ꝛc. vñ sind vmbgekeret. vñ ist dir selb gegent gekeret in einē gesaltzē oder herbē vnd vnfruchtpern see. der hayßt das todt meer. vñ die töchter loth machtē in auff dē perg truncken vnd vermischē sich mit ine. vnd die grösser gepar iren sun moab. vnd die klainer iren sun amon. von den selben komen die amonite vnd moabite die selben zway volck wonten in dem tal syrie.

Lots Frau erstarrt zur Salzsäule: Auszug aus der Schedelschen Weltchronik von 1493

Jemanden mit etwas abspeisen

Kommt ein Freier erstmals in das Haus seiner Brauteltern, so muss er bangen, ob er willkommen ist. Einen entscheidenden Hinweis bietet ihm das, was ihm angeboten wird. So zeigt sich beispielsweise am Essen, das dem potentiellen Schwiegersohn gereicht wird, ob sein Werben Erfolg hat oder nicht. Ist es ein karges Mahl, kann der junge Mann erkennen, dass er eben nicht willkommen ist – er wird abgespeist. Doch was konkret zeigt ihm das?

Für das »Abspeisen« gibt es große regionale Unterschiede. In Hessen etwa galt ein Bewerber als durchgefallen, wenn ihm statt Wurst und Schinken nur Käse angeboten wurde. Das Gegenteil ist in der Schweiz der Fall. Hier wird extrem lang gelagerter Käse nur bei besonderen Anlässen verzehrt. Wird er auch dem Freier angeboten, ist er symbolisch in die Familie aufgenommen worden. Servieren die Brauteltern Eier, ist dies positiv zu sehen. Das Gegenteil ist in Frankreich der Fall. Werden dort gekochte Eier serviert, signalisiert dies Ablehnung, sind doch die Keime im Ei abgetötet und können sich nicht weiter entwickeln – auf gut deutsch: von diesem Freier will man keine Enkelkinder haben. Ein negatives Signal bilden Rüben in Oldenburg, Wurst in Thüringen, Butterbrot in Westfalen, Zwetschgenmus in Nassau. Doch hat der Freier die Zustimmung seiner Angebeteten sicher, wird er sich »nicht so leicht abspeisen lassen«.

Die Redewendung von der Abspeisung hat längst übertragene Bedeutung bekommen: Jemandem unbefriedigende Antworten geben, ihn unverrichteter Dinge wieder nach Hause schicken, mit leeren Worten abfertigen. Bleibt letztlich noch eine weitere Deutung, lästigen Bettlern und Bittstellern zwar eine Kleinigkeit zu geben, sie aber dann wegzuschicken.

Die Redewendung vom »Abspeisen« taucht um 1600 erstmals auf und findet seither weite literarische Verbreitung. So heißt es bei dem früh verstorbenen Barocklyriker Johann Christian Günther: *»die hofnung beszrer zeiten speist mein verlangen nur mit faulen fischen ab«,* bei Goethe: *»... bis er seine begierden abgespeiset«,* bei Wieland: *»glauben sie nicht, dasz ich mich mit einer solchen antwort abspeisen lasse«* und nicht zuletzt bei Kant: »einen abspeisen *heisz auch unter dem volk das abendmal dem sterbenden auf dem krankenbett reichen«.*

TIERE & PFLANZEN

Das geht auf keine Kuhhaut

Wenn etwas auf keine Kuhhaut mehr passt, dann ist das Maß voll, dann ist es mehr, als man ertragen kann. Es gibt zwei mögliche Erklärungen für diese Redewendung. Die eine Version bezieht sich auf den Gründungsmythos von Karthago, die zweite auf die mittelalterlichen Vorstellungen von der Verhaltensweise des Teufels.

Die phönizische Prinzessin Elissa, von den Römern Dido genannt, war die Schwester des tyrischen Königs Pygmalion. Dieser ließ Didos Mann ermorden, so dass sie an die afrikanische Küste floh. Der dort ansässige Herrscher versprach ihr Land, das so groß sein sollte wie das Gebiet, das sie mit einer einzelnen Kuhhaut umspannen könne. Elissa war listig und schnitt die Kuhhaut in schmale Streifen, mit denen sie dann die Fläche umrundete, die später die Keimzelle Karthagos bildete. Die erweiterte Version ist der *Aeneis* von Vergil (70–19 v. Chr.) zu entnehmen, nach der Aeneas, der Stammvater der Römer, Dido in Karthago aufsuchte. Dort verliebte er sich in sie. Doch auf Geheiß Jupiters musste er wieder nach Rom zurückkehren. Darauf beging Dido Selbstmord, womit der spätere Konflikt zwischen Rom und Karthago seinen Ausgang nahm.

Im Mittelalter ging man von der Vorstellung aus, dass der Teufel laufend die Missetaten der Menschen notierte, um sie ihnen beim Jüngsten Gericht vorzuhalten. Doch worauf schrieb man im Mittelalter? Papier kam erst langsam ab dem 13. Jahrhundert auf. Bis dahin benutzte man Pergament, hergestellt aus Tierhäuten.

Pergamentherstellung um 1568

Üblicherweise waren das die von den Haaren befreiten, gewässerten, mit Kalklösung gereinigten, gespannten, getrockneten und zugeschnittenen Häute von Schafen oder Ziegen. Das größte allseits verfügbare Tier aber war das Rind. Wenn nun das Sündenregister eines Menschen so groß war, dass es dem Teufel zur Niederschrift auf dessen Haut zu wenig Platz bot, dann ging es über die Kuhhaut hinaus.

Dem Affen Zucker geben

Als noch Gaukler und Leierkastenmänner durch die Straßen zogen, führten sie gern als Attraktion einen Affen mit sich, der Kunststückchen vollführte und Späße machte. Um den Affen bei Laune zu halten, gab ihm sein Besitzer ein Stückchen Zucker. Im übertragenen Sinn steht der Affe für die eigenen Schwächen oder komischen Angewohnheiten, die man nicht unterdrückt, sondern einfach auslebt – die man füttert, um ausgelassen zu sein. Der Affe gilt dabei als triebhafte Karikatur des Menschen, was viele Literaten reizt, sich dieser Redewendung zu bedienen. So auch Theodor Fontane, der sie in verhüllter Form in seinem Roman *Stechlin* einsetzt. Dort sagt Adelheid, konservative Leiterin eines Damenstifts, zu ihrem liberalen Bruder: *»Ja, Dubslav, was soll das nun alles wieder? Du gibst da deinem Zeisig mal wieder ein gutes Stück Zucker. Ich sage Zeisig, weil ich nicht verletzlich werden will.«*

Noch krasser kommt die Redewendung vom Zucker für die Affen durch Filmregisseur Ernst Lubitsch in seinem fast letzten, 1946 gedrehten Film *Cluny Brown* zum Ausdruck. Mit diesem Film nimmt er die englische Vorkriegsgesellschaft und ihre Sitten, vor allem ihre zu lange Unterschätzung der nationalsozialistischen Ge-

Leierkastenmann, Gemälde von Norman Rockwell, 1920

fahr, aufs Korn. Die Moral des Films hebt auf die Redewendung vom Zucker für die Affen ab, indem er seinen Protagonisten sagen lässt: *»Wherever you're happy, that's your place. And happiness is a matter of purely personal adjustment to your environment. You're the sole judge. In Hyde Park, for instance. Some people like to feed nuts to the squirrels. But if it makes you happy to feed squirrels to the nuts …?«* (Wo immer Du glücklich ist, ist dies Dein Platz. Und Glück ist eine Frage der rein persönlichen Anpassung an Deine Umgebung. Du alleine kannst das beurteilen. Zum Beispiel im Hyde Park. Manche Leute füttern die Eichhörnchen gerne mit Nüssen. Aber wenn es Dich glücklich macht, die Nüsse mit Eichhörnchen zu füttern …?)

Die Würmer aus der Nase ziehen

Wunderheilung: Die Heilung der Schwiegermutter des Petrus, Darstellung aus dem Codex Egberti, 10. Jahrhundert

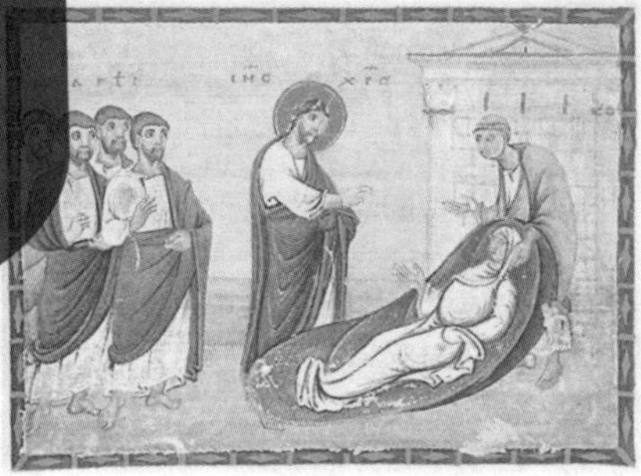

Diese zugegebenermaßen unappetitliche Redewendung beschreibt Menschen, die man nur mühsam zum Reden bringen kann, denen man kaum etwas entlocken kann, die man kaum aushorchen kann.

Doch was hat das mit Würmern in der Nase zu tun? Dazu muss man sich die wundersamen mittelalterlichen Krankheitsvorstellungen vor Augen halten, die körperliche Beschwerden auf wurmartige Krankheitsdämonen im Kopf zurückführten. Die Wunderheiler jener Zeit machten sich diese Ansichten zunutze und gaben auf Jahrmärkten makabere Vorstellungen, bei denen sie angeblich Patienten unter großem Brimborium die dämonischen Würmer aus der Nase zogen. Der vorher im Ärmel versteckte Wurm wurde den staunenden Zuschauern vorgeführt. Der Kopfschmerz – oder welche Krankheit auch immer – sollte nun geheilt sein.

Mit diesem Brimborium zogen die Wunderheiler die Prozedur in die Länge, um die Spannung zu erhöhen. Längst sind die Zeiten der Wunderheiler vorbei. Aber mit ihren Methoden kann man heute im übertragenen Sinn doch noch etwas von seinem Gegenüber erfahren …

Alles ist für die Katz

Alles war vergeblich, alles ist zwecklos – dann ist es eben für die Katz. Diese Redewendung vom Misslingen und enttäuschten Hoffnungen hat ihren Ursprung womöglich schon im Altertum. Man hielt Katzen im Haus, um es von Mäusen frei zu halten. Durch diese wichtige Aufgabe wurden sie im Alten Ägypten sogar in die Heiligkeit erhoben. Damit sie ihrer Aufgabe der Schädlingsbekämpfung gerecht wurden, hielt man sie hungrig. Wenn sie aber dennoch etwas abbekamen, so war das etwas, was niemand wollte – wertlos, und damit nur für die Katze geeignet.

Einerseits bezieht sich die Deutung dieser Redensart auf die wertlosen Essensreste, die man den Katzen zum Fressen hinwirft. Andererseits hat sich seit dem 16. Jahrhundert die Metapher »das ist für die Katz« in der Literatur niedergeschlagen. So erzählt der spätmittelalterliche Dichter Burkard Waldis (1490–1556) in seiner Fabelsammlung *Esopus* von einem Schmied, der es seinen Kunden überließ, wie sie ihn entlohnten. Bekam er nur einen Dank, sagte er zu seiner Katze *»das gebe ich dir«*. Als dann seine Katze an Hunger starb, nahm er wieder den ortsüblichen Lohn für seine Arbeit. Ein weiteres Beispiel bietet der Prediger und Poet Abraham a

Santa Clara (1644–1709) mit seiner Geschichte von einem Diener, der von seinem Herrn keinen Lohn, sondern nur Versprechungen erhielt. So gab er seiner Katze kein Futter mehr, sondern nur das Versprechen, sie bald zu füttern. Natürlich verhungerte die Katze. Als der Herr ihm erneut danken und ihn ohne Lohn entlassen wollte, entgegnete er mit den Worten: *»Meine Katze ist an den Versprechungen gestorben.«*

Schematische Darstellung des Katzenkults im Alten Ägypten

Der Amtsschimmel wiehert

Wenn der Amtsschimmel wiehert, geht es um Bürokratismus und Prinzipienreiterei in Höchstform. Wird der Amtsschimmel geritten, so beharrt ein Beamter auf einem umständlichen Verwaltungsvorgang. Er handelt auf kleinliche Weise nur nach Vorschrift. Die Redewendung hat also nichts mit Pferden zu tun, auch nicht mit Schimmel auf alten Akten in den Behörden.

Geht es um die Schwerfälligkeit von Behörden, so ist die Redewendung vom Amtsschimmel immer noch gebräuchlich. Dabei geht es um die Verballhornung von »Simile«, dem kaiserlich österreichischen Musterformular des 19. Jahrhunderts, nach dem Amtsvorgänge bearbeitet wurden. Da es vielen Vorgängen Rechnung tragen musste, war es einerseits umfangreich, andererseits überforderte es die Beamten jener Zeit, für die Selbständigkeit und Eigenentscheidung risikoreich waren, wurde man doch dafür sofort zur Rechenschaft gezogen. Handelte der Beamte den Vorgang nach Schema ab, ohne auf die jeweiligen Besonderheiten einzugehen, so wurde er als Schimmelreiter bezeichnet.

Welche Blüten der Amtsschimmel treibt, sieht man am Amtsdeutsch – und man hört den Schimmel geradezu wiehern:

Beelterung: Ein Kind wird vom Jugendamt an eine Pflegefamilie vermittelt

Gitterzulage: Gehaltszulage für Beschäftigte im Strafvollzug.

Kostenzusageübernahmeerklärung: Kostenübernahmebestätigung

Luftverlastung: Gütertranspoprt mit Flugzeugen/Hubschraubern

Rechtseinfriedung: Verpflichtung, die rechte Grundstücksgrenze, von der Straße aus gesehen, auf Verlangen des Nachbarn einzufrieden

Restmüllbehältervolumenminderung: Aufforderung, eine kleinere Mülltonne anzuschaffen

Rohrgeld: Aufwandsentschädigung für Blasmusiker für Unterhalt und Reinigung bei Verwendung eines eigenen Instruments

Tote Einfriedung: Zaun (Lebende Einfriedung: Hecke)

Trockenstellbehandlung: Antibiotische Behandlung einer trächtigen Milchkuh, die nicht mehr gemolken wird

Jemandem einen Bärendienst erweisen

Wer jemandem einen Gefallen tut, der dem Betroffenen aber mehr schadet als nutzt, der erweist ihm einen Bärendienst. Diese Metapher von der besten Absicht, aus der ein schlechter Dienst wird, ist alt und in mehreren Sprachräumen fest verankert, so in Russland oder auch in Skandinavien. Dort wird in verniedlichender Sichtweise der Bär als tollpatschig, behäbig oder gar drollig charakterisiert. Erst durch den Fabeldichter Jean de la Fontaine (1621–95) wurde diese Redewendung vom Bärendienst auch allgemein in Europa bekannt. Fontaine war ein seinerzeit berühmter Dichter und seine Werke wurden in viele Sprachen übersetzt. In seiner Fabel vom Bärendienst freunden sich ein Gärtner und ein Bär an und sorgen füreinander. Als der Gärtner in seinem Garten ein Nickerchen macht, belästigt ihn eine Fliege, die er nicht aus seinem Gesicht vertreiben kann. Da kommt der Bär, packt einen Stein, erschlägt damit die Fliege auf der Nase seines Freundes – und seinen Freund gleich mit.

Jean de la Fontaine, Buch VIII, Fabel 10: »L'Ours et l'Amateur des jardins« (»Der Bär und der Gartenfreund«):

Einst sieht er unsern Greis in tiefem Schlummer liegen
und eine Fliege, die ihm auf der Nase kreucht;
er wütet, da umsonst er immer fort sie scheucht.
»Wart nur!« so ruft er aus. »Dich werde ich schon kriegen!«
Gesagt, getan: Seht da, der Fliegenmeister schafft
einen Pflasterstein herbei und schleudert voller Kraft,
ihn nach des Greises Haupt, die Fliege zu verjagen.
Er hat – als guter Schütze, doch höchst mangelhaft
als Denker – auf der Stell' ihn mausetot geschlagen.
Nichts bringt so viel Gefahr uns wie ein dummer Freund;
weit besser ist ein kluger Feind.

J. J. Granville (1838–1840):
L'Ours et l'Amateur des jardins

Ein blindes Huhn findet auch ein Korn

»Ein blind Hun find auch wol ein Korn« heißt es in der 1605 erschienenen Sprichwörtersammlung von Friedrich Petri. In jahrelanger Sammeltätigkeit hatte der als Pastor in Braunschweig tätige Autor 12.643 Redewendungen unter dem Titel *Der Teutschen Wissheit* zusammengestellt und damit der Nachwelt einen ungeheuren Sprachschatz erhalten. Typisch für den Theologen ist die Unterteilung seiner Zusammenstellung in die drei Kapitel über Gott, Glaube und Ketzerei, dann über Gute Taten, Laster und Tugend und letztlich darüber, wie man seine Gesundheit pflegen soll.

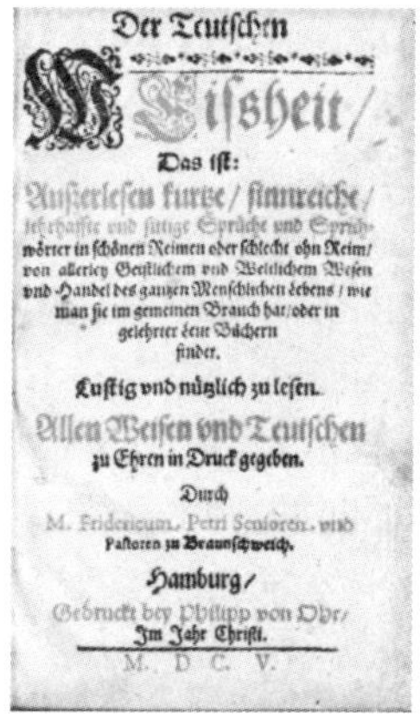

Der Teutschen
Weissheit/
Das ist:
Außerlesen kurtze/ sinnreiche/
lehrhaffte vnd sittige Sprüche vnd Sprichwörter in schönen Reimen oder schlecht ohn Reim/
von allerley Geistlichem vnd Weltlichem Wesen
vnd Handel des gantzen Menschlichen Lebens / wie
man sie im gemeinen Brauch hat/ oder in
gelehrter Leut Büchern
findet.
Lustig vnd nützlich zu lesen.
Allen Weisen vnd Teutschen
zu Ehren in Druck gegeben.
Durch
M. Fridericum. Petri Seniorem. vnd
Pastoren zu Braunschweig.
Hamburg/
Gedruckt bey Philipp von Ohr/
Im Jahr Christi.
M. D C. V.

M. Fredericum Petri: Der Teutschen Wissheit …, 1605, Titel

Die Redewendung vom blinden Huhn, das auch einmal ein Korn findet, hat sich bis heute erhalten und verheißt nichts Gutes. Denn an sich ist es ja nicht schwer, in einem Hühnerstall ein Korn zu finden, aber manchmal gelingt das sogar einem blinden Huhn. Tatsächlich ist aber gemeint, dass auch der Dümmste erfolgreich sein kann, dass selbst jemand, der inkompetent ist, mit Glück zum Ziel kommt. Mit dieser Redewendung wird also kein Lob ausgesprochen, es handelt sich um eine eher abfällige Bemerkung.

Da wird der Hund in der Pfanne verrückt

Diese Redewendung drückt ungläubiges Erstaunen und Entrüstung aus. Den Hintergrund für diese Redewendung findet man in einer Geschichte der Schwanksammlung über Till Eulenspiegel, die 1511 unter dem Titel *Ein kurtzweilig lesen von Dyl Ulenspiegel, geboren vß dem land zu Brunßwick, wie er sein leben volbracht hat* erschien. Bei Till Eulenspiegel soll es sich um den Schelm und Narren Dyl Ulenspegel aus niederem, womöglich verarmtem niederdeutschen Adel handeln, der um 1300 in Kneitlingen am Elm geboren wurde und 1350 in Mölln starb. Seine wundersamen Geschichten verbreiteten sich zunächst mündlich, bis sie dann erst viel später in Buchform erschienen. Till Eulenspiegel kann als symbolischer Vertreter von natürlichem Volkswitz und alter Volksweisheit gelten, der den Mächtigen den Spiegel vorhält und dem einfachen Volk die Augen öffnet. Ein wesentliches Merkmal seiner Geschichten besteht darin, dass der Schelm das Gesagte der Herren und Oberen ganz wörtlich nimmt. Darum geht es auch in der Geschichte vom Hund, der in der Pfanne verrückt wird.

Ein kurtzweilig lesen von Dyl Ulenspiegel …,
Titelblatt der Erstausgabe

Till Eulenspiegel hatte sich in Einbeck als Geselle von einem Bierbrauer anstellen lassen, der einen Hund namens Hopf besaß. Als der Brauer ihn anwies, er solle *»den Hopfen wohl sieden, auf daß das Bier scharf darvon schmecken würd«,* warf Till den Hund in die Braupfanne. Dort starb der Hund unter Zuckungen. »Da wird doch der Hund in der Pfanne verrückt!«

Der Brauer jagte Till daraufhin vom Hof.

Arm wie eine Kirchenmaus

Fedor Mihailovici Dostoiewski, Portrait von Victor Ion Popa

In Wohnhäusern mit all ihren Küchenvorräten lässt es sich für Mäuse gut leben. Hat sich eine Maus aber entschieden, in einer Kirche ihre Bleibe zu suchen, so ist sie arm, denn hier gibt es nichts zu fressen. So heißt es denn in Dostojewskis Roman *Der Spieler*: *»Alles, was ich besitze, ist verpfändet; ich bin arm wie eine Kirchenmaus«*. Dieser Roman wurde 1867 veröffentlicht, aber die Redewendung als Bezeichnung für eine mittellose Person muss viel älter sein. Dies lässt sich alleine schon aus der Tatsache ableiten, dass sie auch in anderen Sprachräumen üblich ist. So macht man sich beispielsweise im Französischen Sorge um die *rat d'église* oder ist auf englisch *as poor as a church mouse*. Die englische Redewendung wurde 1659 erstmals als *hungry as a church mouse* in der Sprichwortsammlung von Christine Ammer *Facts on File Dictionary of Cliches* zitiert.

Sich winden wie ein Aal

»Lass sie sich wenden wie Aale in der Reuse, sie sollen uns nicht entschlüpfen«, spricht Franz von Sickingen zu Götz von Berlichingen in Goethes *Götz von Berlichingen* (IV, 3). Schon daran sieht man, dass diese Redewendung von dem sich windenden Aal schon lange allgemein gebräuchlich ist. Gemeint damit ist verlegen, peinlich berührt sein, sich nicht festlegen, sich vor etwas drücken, sich aus einer unangenehmen Situation zu befreien suchen, aber auch listig, durchtrieben, doppelzüngig sein.

Die um einen Meter langen Aale weisen eine langgestreckte, schlangenförmige Gestalt auf. Ihr Rückgrat mit über 100 Wirbeln macht die Tiere unglaublich beweglich. Ein gefangener Aal versucht sich durch heftige Schlängel- und Ringelbewegungen zu befreien. Ihm hilft dabei seine schlüpfrige Haut mit nur ganz kleinen Schuppen, weshalb er kaum zu halten ist. Darum ist »aalglatt« dann auch die Bezeichnung für einen Menschen, der nicht zu fassen ist, der mit geschickter Rhetorik seine Interessen durchsetzen und der sich aus unangenehmen Situationen herauswinden kann.

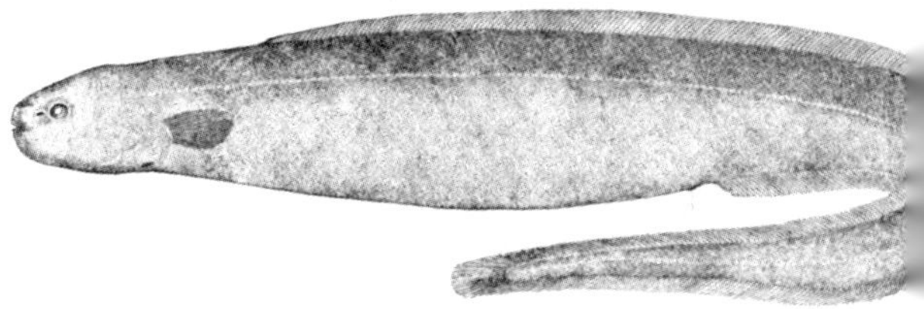

Der Apfel fällt nicht weit vom Stamm

Mit dieser Redewendung wird ausgedrückt, dass sich Kinder ähnlich verhalten wie ihre Eltern – die gleichen Interesse haben, die gleichen Berufe ergreifen, ihre Eigenschaften und Verhaltensweisen übernehmen etc.

Damit ist eine interessante Frage angesprochen, die die Menschheit seit der Antike beschäftigt. Sind wir in unserem Charakter, in unseren Einstellungen durch unsere Anlage, also durch die Gene, oder durch die Umwelt bestimmt? Die Frage konnte nie eindeutig geklärt werden, mal schlägt das Pendel in die eine Richtung, mal in die andere Richtung aus. Die Redewendung bezieht aber eindeutig Position. Letztlich drückt sie aus, dass Kinder aus höheren gesellschaftlichen Schichten größere Chancen im Leben haben als Kinder, die aus problematischen sozialen Verhältnissen kommen. Die PISA-Studie scheint das bis heute zu belegen.

Die Redewendung vom Apfel, der nicht weit vom Stamm fällt, wird aber auch längst im übertragenen Sinn angewendet. Es geht um Ideen, um Erscheinungen, die gemeinsame Merkmale mit den Ideen und Erscheinungen aufweisen, auf denen sie beruhen oder von denen sie abstammen.

Leider gibt es über die Herkunft der Redewendung keine näheren Erkenntnisse.

Es gibt aber interessante Verballhornisierungen:
»Der Apfel fällt nicht weit vom Birnbaum.«
»Der Apfel fällt nicht weit vom Pferd.«
Und Karl Valentin meinte:
»Der Apfel fällt nicht weit vom Stamm, es wäre denn, er steht am Hang.«

Aber warum muss gerade der Apfel für diese Redewendung und andere Vergleiche herhalten? Die Antwort ist relativ einfach. Der Apfel ist nun einmal unsere am weitesten verbreitete Obstart und deshalb am gegenwärtigsten in unserm Sprachgebrauch.

Karl Valentin, Karikatur

Sich auf seinen Lorbeeren ausruhen

Wer Lorbeeren erntet, wird wegen einer ausgezeichneten Leistung geehrt. Wer sich aber auf seinen Lorbeeren ausruht, wird nach einer guten Leistung träge, wird sich nicht weiter bemühen.

Seit jeher gilt der Lorbeerkranz als Zeichen des Sieges. Im römischen Götterkult wurden die Helden, allen voran Jupiter, mit Lorbeer bekränzt – genauso wie siegreich zurückgekehrte Heerführer. Solche Kränze wurden vom Triumphator und seinen Mitkämpfern im Triumphzug durch Rom getragen. Aber auch berühmte Poeten und erfolgreiche Wettkämpfer wurden mit Lorbeerkränzen geehrt. Später nahmen die römischen Kaiser das permanente Recht für sich in Anspruch, den Lorbeerkranz zu tragen.

Doch unseren literarischen Klassikern war der Pathos des Lorbeerkranzes zu viel des Guten. Angeblich soll die Redewendung »sich auf seinen Lorbeeren ausruhen« von Goethe stammen, aber nachweisbar ist das nicht. Durch ihren häufigen Gebrauch hat er aber auf jeden Fall zu ihrer Verbreitung nachhaltig beigetragen. In diesem Sinn ist auch der von Heinrich Heine geprägte Begriff »Vorschusslorbeeren« zu verstehen.

Den Wald vor lauter Bäumen nicht sehen

Ovid, allgemein verbreitete Darstellung

Da ist die Lösung eines Problems zum Greifen nah, doch es fehlt am entscheidenden letzten Schritt dazu. Diese Person sieht das Offensichtliche nicht, ihr fehlt der Durchblick, um das zu sehen, was genau vor ihr liegt.

Die Redewendung »den Wald vor lauter Bäumen nicht sehen« findet sich bereits in der antiken Literatur. So nutzte sie der römische Dichter Ovid (43 v. Chr.–17 n. Chr.) in seiner *Tristia*, den fünfbändigen elegischen Klageliedern, die er aus der Verbannung heraus geschrieben hat. Auch Ovids Zeitgenosse Properz gebrauchte diese Redewendung in seinen Liebeselegien. Doch eigentlich bekannt gemacht hat sie letztlich der Dichter Christoph Martin Wieland (1733–1813), bei dem wir sie in mehreren Werken finden, so etwa in seiner philosophischen Verserzählung *Musarion* (1768). Dort heißt es: *»Die Herren dieser Art blendt oft zu vieles Licht, / Sie sehn den Wald vor lauter Bäumen nicht.«* (Das Stück spielt im hellenistischen Athen. Es geht darum, dass zwei hochtrabende Philosophen im Gespräch mit Musarion und Phanias ihrer Umwelt entrückt sind.)

Blau machen

Heute gehen wir nicht in die Schule, oder gehen nicht zur Arbeit – heute machen wir »blau«. »Blau« sein und der »Blaue Montag« – alles hängt miteinander zusammen, nämlich mit der Farbe Blau.

Färben war schon immer ein aufwändiger Vorgang, und seit dem Mittelalter bis zur Erfindung synthetischer Farbstoffe eine Frage des Geldes. Purpur war die teuerste Farbe, hergestellt aus der im Mittelmeer beheimateten Purpurschnecke. Teuer war auch der ursprünglich aus Indien stammende Indigo zur Blaufärbung. Aber dafür gab es wenigstens einen heimischen Ersatzgrundstoff, den man aus der Waid (*Isatis tinctoria*), der so genannten Färberpflanze, gewann. Sein Blau ist weniger intensiv, aber der Färbevorgang ist einfacher als der von Indigo. Diese Pflanze stammt ursprünglich aus Westasien, wurde aber seit dem Mittelalter in Mitteleuropa angebaut.

Aus ihren gepressten Blattrosetten bereitete man einen Sud, den man mit Urin zur Gärung brachte. Bei dieser Gärung entsteht Alkohol als Lösungsmittel für den Farbstoff in den Blättern. Gab man zusätzlichen Alkohol in den Bottich, intensivierte sich der Gärvorgang und die Farbausbeute stieg an, weil man davon ausging, dass der Extraktionsvorgang besonders gut mit dem Urin von Männern, die viel Alkohol getrunken hatten, gelang. Bei diesem Vorgang entsteht Indikan, eine farblose und wasserlösliche Verbindung, die zunächst zu gelbem Indoxyl abgebaut wird. Die zu färbenden Stoffe werden in diese gelbliche Brühe getaucht und an der Sonne getrocknet. Durch den Oxidationsprozess an der Luft, der etwa 48 Stunden in Anspruch nimmt, entsteht dann die Blaufärbung. Und da das Färberblau erst durch Licht entsteht, ist es also auch lichtecht.

Was braucht man also zum Blaufärben? Färbergesellen, die im Freien bei reichlich Alkohol nichts anderes zu tun hatten, als die Brühe vorsichtig umzurühren und den von der Sonne verdunsteten Urin aufzufüllen – denn je besser die Gärung, desto ergiebiger der Farbstoff, desto intensiver das Blau. Diese Arbeit fand bei schönem Wetter statt, weil die Wurzelsprosse der Färberpflanze ja im Sommer geerntet wurden. Die Färber machten »blau« und waren »blau«. Und damit ist auch erklärt: wer »blau« ist – der ist betrunken.

In diesem Zusammenhang sei auch auf das Sprichwort vom blauen Montag verwiesen. Da der Gärvorgang von Färberblau zwei Tage dauerte, setzte man die Brühe am Sonnabend an und ließ sie am arbeitsfreien Sonntag gären. Und wenn die Färber dann am Montag betrunken in der Sonne lagen, um auf das Farbergebnis zu warten, dann durchlebten sie den »blauen Montag«.

Und wie erlebt man sein »blaues Wunder«? Auch diese Redewendung geht auf das mittelalterliche Blaufärben zurück. Denn die dem Färberwaid entzogene vergorene Brühe ist ja zunächst gelblich und nimmt dann wie durch ein Wunder die blaue Farbe an. Den Oxidationsprozess konnte man sich damals noch nicht erklären.

Färberwaid von Jakob Sturm aus: Deutschlands Flora in Abbildungen, 1796

LEBEN & TOD

Da warst Du noch in Abrahams Wurstkessel

Das Neue Testament muss für viele Redewendungen herhalten, so auch in diesem Fall. Im Hebräerbrief 7,10 wird ausgeführt, dass Levi zu der Zeit, als sein Urgroßvater Abraham dem Hohepriester Melchisedek begegnete, noch »in Abrahams Lende« war. Bei Melchisedek handelt es sich um eine mythische König- und Priestergestalt aus der Bibel, bei Levi um einen der Stammväter der zwölf Stämme Israels, die nach dem Alten Testament von den Söhnen Jacobs abstammen. Seine Nachkommen (Leviten) waren für den Tempeldienst auserwählt worden.

Nun braucht man etwas Phantasie, um den Bezug zwischen »Lende« und »Wurstkessel« herzustellen. Denn gemeint war, dass Levi zu dieser Zeit noch nicht gezeugt, also gewissermaßen noch in Abrahams Lenden war. In der sexualisierten Gedankenwelt bedarf die Wurst im Kessel dann auch keiner Erklärung mehr.

Mit der Redewendung »Da warst Du noch in Abrahams Wurstkessel« kommt letztlich zum Ausdruck, dass jemand noch nicht geboren war, noch nicht geeignet ist, etwas Bestimmtes zu tun. Man will dem betreffenden Unerfahrenheit attestieren. Ganz allgemein sagt die Redewendung, dass etwas schon sehr lange her ist.

Abraham, Kupferstich aus einer niederländischen Bibel, 1710 (Ausschnitt)

Einen guten Rutsch wünschen

Zum Neujahrsbrauchtum gehört es, jemandem einen guten Rutsch zu wünschen. Mit dieser seit etwa 1900 bekannten Redewendung bringt man zum Ausdruck, der Angesprochene möge gut in das Neue Jahr kommen. Aus dem 19. Jahrhundert gibt es schon literarische Hinweise darauf, dass mit Rutsch auch »Reise« oder »Fahrt« gemeint ist. Doch muss man den eigentlichen Ursprung dieser Redewendung an ganz anderer Stelle suchen – denn eigentlich wünscht man niemandem, dass er ins Neue Jahr buchstäblich rutscht und damit Gefahr läuft, sich zu verletzen.

Allgemein geht man davon aus, dass der Rutsch sich vom hebräischen Wort für Neujahr *Rosch ha-Schana* (»Anfang des Jahres«) ableitet, sozusagen eine Verballhornung aus der jiddischen Sprache ist. Solcher Wortgebrauch ist viel häufiger als allgemein angenommen wird – man möge an die vielen anderen Worte denken, die aus dem Jiddischen ins Deutsche übergegangen sind wie etwa »dufte«, »Meschpoke«, »malochen«, »Massel«, »meschugge«, »schmusen«, »Stuss«, »Tacheles« und »Zoff«.

Guter Rutsch heißt also nach dieser Version wörtlich: guter Anfang! Doch wurden auch Zweifel gegen diese Deutung angemeldet. Sprachwissenschaftler merkten an, dass das jiddische Neujahrsfest zeitlich nicht mit dem deutschen Neujahrsfest zusammenfällt, und führten auch sprachhistorische Gründe an. Sie sehen den Ursprung eher in der um 1900 aufgekommenen Mode, Neujahrskarten zu versenden, auf denen das Rutschen auf Skiern im übertragenen Sinn für das Hinübergleiten ins Neue Jahr steht.

Historische Neujahrskarte

Jemandem das Herz brechen

Mit dem gebrochenen Herz wird zweierlei ausgedrückt. Zum Einen ist es der Schwerenöter, der viele Herzen gebrochen hat. Zum Anderen hat ein Ereignis jemanden (tot)unglücklich gemacht, ihm großen Kummer zugefügt.

Mit dem »gebrochenen Herz« wird abgrundtiefer Seelenschmerz ausgedrückt. Und so wundert es nicht, dass ein gebrochenes Herz körperlich krank machen kann. Wissenschaftlich wird dieser Zustand als Broken-Heart-Syndrom (Syndrom des gebrochenen Herzens) bezeichnet. Dabei handelt es sich um eine Funktionsstörung des Herzmuskels. Die Betroffenen fühlen sich dann körperlich schwach, haben auch Schmerzen im Brustkorb. In solchen Situationen ist das Nervensystem auch hyperaktiv, Stresshormone werden ausgeschüttet, die Herzkranzgefäße verengen sich. In manchen Fällen wird diese Symptomatik auch als Herzinfarkt missgedeutet.

Der Begriff des »Herzensbrechers« hat sich erst im 20. Jahrhundert geprägt. Aber schon in der Bibel taucht die Metapher vom gebrochenen Herzen auf. Da heißt es in der Apostelgeschichte 21,12–13: »Als wir aber solches hörten, baten wir und die desselben Ortes waren, dass er nicht hinauf gen Jerusalem zöge. Paulus aber antwortete: Was macht ihr, dass ihr weinet und brechet mir mein Herz? Denn ich bin bereit, nicht allein mich binden (fesseln, Anm.) zu lassen, sondern auch zu sterben zu Jerusalem um des Namens willen des Herrn Jesu.«

Mir bleibt die Spucke weg

Speichel, volkstümlich Spucke genannt, ist das Sekret der Speicheldrüsen in der Mundhöhle. Man unterscheidet den wässrigen Speichel, dessen Absonderung vom parasympathischen Nervensystem vermittelt wird, vom zähflüssigen enzymreichen Speichel, der vom sympathischen Nervensystem vermittelt wird. Neben den drei großen Drüsen, der Ohrspeicheldrüse, der Unterkieferdrüse und der Unterzungendrüse, wird der Speichel in der Mundhöhle von den so genannten kleinen Speicheldrüsen gebildet, die sich unter der Schleimhaut des Gaumens und rund um das Zäpfchen ausbreiten. In der Mundhöhle selbst bildet sich aus der Sekretion ein Gemisch der Speichelarten. Der Speichel fließt kontinuierlich mindestens 500 Milliliter, bei Erwachsenen je nach Nahrungsaufnahme zwischen 1,5 und 2 Liter pro Tag.

Die Nahrungsaufnahme regt Sekretion beider Speichelarten an. In außergewöhnlichen Situationen, bei Erregung, Erschrecken oder etwa, wenn man zu einer großen Gruppe von Menschen sprechen muss, wird der Mund trocken, die Spucke bleibt weg und man kann nicht weiterreden. Solche Situationen führen zur sympathischen Erregung, die zur Kontraktion der Blutgefäße in den Drüsen und zur Un-

Hexenverfolgung in Schilta bei Rottweil, 1533. Holzschnitt von Erhard Schoen

terbrechung des Speichelflusses führt. Nicht umsonst wird Rednern ein Glas Wasser an das Rednerpult gestellt.

Die Tatsache, dass Menschen bei Erregung der Speichelfluss ausbleibt, machten sich die Ankläger in spätmittelalterlichen Hexenprozessen zunutze. Gab man den Angeklagten, übrigens überwiegend Frauen, während der peinlichen Befragung (= Folter) Käse oder Brot zu essen und sie konnten es nicht herunterschlucken, so galt dies als Beweis ihrer Schuld.

Mir stehen die Haare zu Berge

Bei Wut, Angst, Erschrecken, Erregung stehen den Säugetieren die Haare zu Berge – so auch den Menschen. Dies ist eine sinnvolle Reaktion auf Gefahr. Denn durch das Zusammenziehen der Haut wird die Blutungsgefahr durch mögliche Verletzungen verringert. Dieser Vorgang führt automatisch dazu, das sich die Körperhaare aufrichten. Wenn also jemand von sich sagt, dass ihm die Haare zu Berge stehen, so drückt er damit aus, dass er sehr erschrocken ist.

Ein weiteres Phänomen ist die Gänsehaut, die meist durch Kälte ausgelöst wird. Muskelkontraktionen führen zum Aufrichten der Haare, wodurch mehr Luft eingeschlossen wird, die gegen die Kälte schützt. Wenn sich derart die Körperhaare aufrichten, erscheint der jeweilige Fellträger größer. Hunde und Katzen machen sich diese Muskelkontraktionen deswegen auch als Drohgebärde zunutze, andere als Imponiergehabe, um auf das andere Geschlecht anziehend zu wirken.

Die Redewendung von den zu Berge stehenden Haaren ist literarisch weit zurückzuverfolgen. Eine erste Erwähnung findet sich im biblischen Buch Hiob 4,13–15, wo es heißt: *»Da ich Gesichte betrachtete in der Nacht, wenn der Schlaf auf die Leute fällt, da kam mich Furcht und Zittern an, und alle meine Gebeine erschraken. Und* *da der Geist an mir vorüberging standen mir die Haare zu Berge an meinem Leibe«.* In den allgemeinen Sprachgebrauch gekommen ist die Redewendung aber erst seit dem Mittelalter, der davon abgeleitete Begriff »haarsträubend« seit dem 19. Jahrhundert.

Hans Baldung: Die Leiden des Hiob, Holzschnitt um 1509

Mir stockt das Blut in den Adern

Besser noch: »Mir gefriert das Blut in den Adern«. Kann so etwas wirklich passieren? Ja, sagt die Medizin. Das passiert, wenn man einen großen Schrecken erfährt. Es geht hierbei nicht um einen Kältetod, sondern die Redewendung weist darauf hin, dass in einer solchen Situation der Blutfluss zäher wird und scheinbar ganz zum Erliegen kommt.

Hinter dieser Körperfunktion steckt ein wichtiger Überlebensmechanismus. Unter Schreck erhöht der Körper die Bildung von Fibrin. Das ist ein Eiweißstoff, ein für die Blutgerinnung (Koagulation) zuständiges Molekül. Gleichzeitig erhöht sich auch die Gegenreaktion, die Fibrinolyse. Bei gesunden Menschen gleichen sich Koagulation und Fibrinolyse in etwa aus. Bei Angstpatienten bleibt die Gerinnungsseite stärker, wodurch das Blut »dicker« wird. Das macht evolutionshistorisch Sinn, denn wenn unsere Vorfahren durch Feinde oder Tiere verletzt wurden, war es von Vorteil, wenn das »dickere« Blut schneller gerinnt und die Verletzung möglichst schnell abheilt. Aus diesem Vorgang lässt sich aber nicht ableiten, dass alle von Angst geplagten Menschen grundsätzlich zu Herzinfarkten neigen. Dennoch bleibt festzuhalten, dass Angstpatienten ein bis zu viermal so großes Risiko an Herzproblemen als psychisch gesunde Menschen haben, da bei ihnen durch die Blutgerinnung das Thrombose- und Herzinfarktrisiko steigt. Problematisch wird die Situation zusätzlich, wenn weitere Risikofaktoren wie Rauchen oder Übergewicht die Situation des Patienten erschweren.

Über Nacht graue Haare bekommen

Das Alter eines Menschen kann man an den unterschiedlichsten Merkmalen erkennen. Eines dieser Merkmale besteht in den langsam ergrauenden Haaren. Jedes Haar hat Pigmente in sich, die das farbliche Erscheinungsbild des Haars ausmachen. Das Ergrauen ist kein plötzlicher, sondern ein langwieriger Prozess. Die Farbpigmente bildenden Zellen in der Haarwurzel, die so genannten Melanozyten, verlieren im Laufe des Menschenlebens an Aktivität und ihre Pigmentproduktion lässt nach. Statt der Pigmente lagern sich Sauerstoffbläschen in den Haaren ein, die durch Lichtbrechung das Haar grau erscheinen lassen. Und je mehr Haare pigmentlos und mit Sauerstoffbläschen durchsetzt sind, umso weißer wird das Haar.

Ist nun ein Mensch außerordentlichem Stress ausgesetzt, der tief in sein Leben eingreift, so verändert sich sein gesamtes Erscheinungsbild. Dies mag beim Betrachter auch eine andere Wahrnehmung der Haare hervorrufen. Bei Marie Antoinette, Gemahlin des französischen Königs Ludwig XIV., der nachgesagt wird, dass ihre Haare über Nacht vor ihrem Gang zum Schafott am 16. Oktober 1793 ergraut seien, hatte es aber eine ganz andere Ursache gegeben. Das Volk kannte sie bis dahin nur unter einer Perücke. In ihrem Arrest vor der Hinrichtung hatte man ihr alle feudalen Attribute abgenommen. Nachdem das Fallbeil der Guillotine der damals 37-jährigen Marie Antoinette den Kopf abgetrennt hatte, spießte der Scharfrichter diesen auf einen Spieß und zeigte ihn dem Volk. Die Menschen sahen ihre ehemalige Königin nun ohne weißes Perückenhaar und ohne die Haube, die sie zur Hinrichtung getragen hatte. Da erschien ihnen das natürliche Haar Marie Antoinettes grau … Übrigens soll sie ihre letzten Worte *»Mein Herr, ich bitte Sie um Verzeihung, ich tat es nicht mit Absicht«* zu ihrem Henker gesprochen haben, dem sie aus Versehen auf den Fuß getreten war.

Doch kann man auch in Wirklichkeit über Nacht ergrauen? Aus wissenschaftlicher Sicht ist das unmöglich. Denn man kann die Haarpigmente nicht plötzlich verlieren. Deshalb wird diese Redewendung von den über Nacht ergrauenden Haaren im übertragenen Sinn gebraucht. Wenn jemand von einem schweren Schicksalsschlag getroffen wird, sagt man, dass er über Nacht graue Haare bekommen hat. Leider gibt es keine näheren Hinweise darauf, wie diese Redewendung zustande gekommen ist.

Isidore Stanislas Helman (1743–1806):
Die Hinrichtung von Marie Antoinette, zeitg. Darstellung

Sicher wie in Abrahams Schoß

Abrahams Schoß, aus: Herrad von Landsberg (1125–95): Hortus Deliciarum

Die Geschichte von Abrahams Schoß, in dem man sich fühlt wie im Paradies, fußt auf dem biblischen Gleichnis vom reichen Mann und dem armen Lazarus, wie es im Lukasevangelium 16,22–25 niedergeschrieben ist. Im übertragenen Sinn ist man in Abrahams Schoß geborgen und materiell abgesichert, selbst im Tod beschützt.

Das Gleichnis beschreibt einen in Purpur und feines Leinwand gekleideten namenlosen reichen Mann. Vor dessen Tor begehrt der arme Lazarus die Brotstücke, die vom Tisch gefallen sind. Als Lazarus stirbt, findet er sich in Abrahams Schoß wieder. Als der Reiche stirbt, findet er sich in der Unterwelt wieder, wo er im Feuer Höllenqualen leidet. Er bittet Abraham: *»schick Lazarus zu mir; er soll wenigstens die Spitze seines Fingers ins Wasser tauchen und mir die Zunge kühlen, denn ich leide große Qual in diesem Feuer«. Doch Abraham erwidert: »Mein Kind, denk daran, dass du schon zu Lebzeiten deinen Anteil am Guten erhalten hast, Lazarus aber nur Schlechtes. Jetzt wird er dafür getröstet, du aber musst leiden.«*

»Abrahams Schoß« ist im Gegensatz zu den Ausdrücken »Hölle« oder »Hades« zu sehen, und steht daher bildlich für den Himmel. Hier fühlt man sich also sicher und geborgen. Spätestens seit dem Mittelalter ist die Vorstellung von Abrahams Schoß auch die beschönigende Umschreibung für das Sterben.

Etwas am grünen Tisch entscheiden

Grün ist die Farbe der Unerfahrenheit, wie sie im Begriff vom »grünen Jungen« zum Ausdruck kommt. Unabhängig davon waren in früheren Zeiten Verhandlungstische oft mit grünem Tuch bedeckt. Da die Hohen Herren damals wenig Einblick in die realen Lebensbedingungen ihrer Untertanen hatten, waren ihre Entscheidungen oft entsprechend realitätsfern.

Konkret geht die Redewendung auf den mit grünem Tuch bespannten Verhandlungstisch im Regensburger Rathaussaal zurück, wo der Immerwährende Reichstag des Heiligen Römischen Reichs von 1663 bis 1806 tagte.

Sitzung des Immerwährenden Reichstags, Kupferstich von Peter Troschel, 1675

Eine Eselsbrücke bauen

Pline le Naturalist: Lithographie von P.E.L. Dumont, ca. 1840

»Drei-drei-drei – bei Issos Keilerei«: Welcher Schüler kennt nicht diesen Spruch, um an die Schlacht Alexanders des Großen gegen den Perserkönig Dareios III. im Jahre 333 v. Chr. erinnert zu werden? Mit einer solchen Eselsbrücke ist eine Merkhilfe, eine Gedächtnisstütze gemeint, die bezweckt, dass man sich Wissen einprägt. Aber warum gerade eine Eselsbrücke?

Der Esel gilt von alters her als störrisch, faul und dumm. Und das, obwohl er eigentlich ein kluges Tier und eines der wichtigsten Arbeitstiere früherer Zeiten ist. So heißt es schon in der um 77 n. Chr. entstandenen *Naturgeschichte* des Gaius Plinius Secundus über Esel: *»Sie gehen über keine Brücke, durch deren Risse man das Wasser durchschimmern sieht«* (*Naturalis historia* 8,68). Man baut ihnen Brücken, damit die wasserscheuen Tiere nicht den Fluss durchwaten müssen. So ist es die Dummheit der Esel, dass sie sich von solchen vermeintlichen Gefahren abschrecken lassen. Im übertragenen Sinn braucht es Hilfen, um zum Beispiel Schülern, die den schulischen Anforderungen nicht gewachsen sind, entsprechende Unterstützung zu gewähren. Das sind die Eselsbrücken!

ALLZU MENSCHLICHES

An den Haaren herbeigezogen

Der Prophet Daniel, Glasmalerei im Augsburger Dom, 1. Hälfte des 12. Jahrhunderts

Diese seit dem 17. Jahrhundert, seit Luthers Zeiten, belegte Redensart umschreibt eine Argumentation, die eher abwegig, unwahrscheinlich oder gar unlogisch ist. Bezug genommen wird dabei auf Situationen, in denen man Flüchtenden an den Haaren zieht, um sie festzuhalten. Schon die Bibel kennt solche Situationen. Da heißt es im Buch Daniel 14,36: *»Da fasste ihn der Engel des HERRN am Schopf, trug ihn an seinen Haaren fort und versetzte ihn mit der Gewalt seines Geistes nach Babylon an den Rand der Grube«.*

Luther bediente sich dieser Redensart im Sinne von »erstunken und erlogen«. Damit wollte er darlegen, dass der Anspruch der Kirche, das Reich Gottes sei an Rom gebunden, an den Haaren herbeigezogen sei. Konkret heißt es dazu in seiner 1520 formulierten Schrift »Von dem Papsttum zu Rom«: »dass das Reich Gottes ... ist nit zu Rom, auch nit an Rom gebunden, weder hie noch da, sondern wo da inwendig der Glaub ist ... Also dass es erlogen und erstunken ist ...«

Eine weitere Erklärung der Redensart entstammt dem Fischerlatein, wo ein Fischer den anderen fragt: »Ohne Netz hast du die Fische gefangen? Hast du sie denn an den Haaren herbeigezogen?«

Blut und Wasser schwitzen

Im Lukasevangelium 22,44 lesen wir über Jesus: »Aber er war von Angst erfüllt und betete noch heftiger und kämpfte so sehr, dass sein Schweiß wie Blut auf die Erde tropfte.«

Darstellung des Heiligen Lukas als geflügelter Stier im Codex Millenarius (um 800)

Das körperliche Phänomen, Blut und Wasser zu schwitzen, wird medizinisch als Hämatridose bezeichnet. Ursache einer solch außergewöhnlichen körperlichen Verhaltensweise können extreme körperliche und seelische Belastungen wie etwa Todesangst sein. Steht ein Mensch unter einer solchen extremen Belastung, so kann dies eine hochgradige Erweiterung der Blutgefäße der Haut und Unterhaut hervorrufen, was die Durchlässigkeit der Gefäßwände erhöht, so dass etwas Blut aus den Gefäßen austritt. Wenn dieses Blut in Verbindung mit dem Schweiß kommt, so kann dieser rot gefärbt austreten. Im Höchstfall tritt sogar reines Blut aus der Haut aus.

Der Zankapfel sein

Das Urteil des Paris: Kupferstich von Beham, Barthel (1502–1540)

Der Zankapfel ist der Anlass eines Streits, der Gegenstand einer Auseinandersetzung. Der Begriff entstammt der altgriechischen Sagenwelt. Den Ausgangspunkt der Geschichte bietet Eris, die Göttin der Zwietracht, die nicht zur Hochzeit von Peleus und Thetis, den späteren Eltern des Achilleus, eingeladen war. Aus Verärgerung darüber warf sie einen goldenen Apfel zwischen die geladenen Göttinnen Hera, Athene und Aphrodite mit der Aufschrift »für die Schönste«. Der Göttervater Zeus wollte nicht die Entscheidung darüber treffen und bat den trojanischen Prinz Paris, das Urteil zu fällen. Paris übergab Aphrodite diesen »Zankapfel«, weil sie ihm dafür die Liebe der Helena, der schönsten irdischen Frau, zusicherte. Aphrodite verhalf sodann Paris, Helena nach Troja zu entführen, was schließlich den Trojanischen Krieg auslöste.

Der spätantike Schriftsteller Justinus (100–165 n. Chr.) nannte den Apfel des Paris *malum discordiae* (= Apfel der Zwietracht), der in der mittelalterlichen Lehnübersetzung zum *Zankapfel* wurde.

Er möge mich am Arsche lecken

»Leck mich!« und jeder weiß Bescheid. Es handelt sich um den so genannten Schwäbischen Gruß – landsmannschaftlich und derb. Ob beleidigend oder nicht, hängt vom jeweiligen Einzelfall ab. Eine Beleidigung stellt nach § 185 StGB einen rechtswidrigen Angriff auf die Ehre einer anderen Person durch vorsätzliche Kundgabe der Missachtung dar. Ein Taxiunternehmer, der mit dem Ausdruck eigentlich nur ein Gespräch abbrechen wollte, wurde gerichtlich freigesprochen, ein Bahnreisender, der einen Polizisten ansprach, für schuldig befunden. Das Kölner Oberlandesgericht gar attestierte den Kölschen, dass ihr Ausruf »Ja leck mich am Arsch!« durchaus Ausdruck höchster Freude, je nach Kölner Veedel sogar der ganz normale tägliche Gruß sein kann.

Die Ursprünge des Schwäbischen Grußes sind in vorchristlicher Zeit zu suchen, als Mythen, Fabelwesen und Hexen den Alltag der Menschen beherrschten. Die Darbietung des nackten Gesäßes war unter diesen Lebensumständen ein Mittel der Gefahrenabwehr, das die Dämonen in die Schranken weisen sollte. Wer dem Leibhaftigen (Teufel) begegnete, konnte durch Rezitieren des Schwäbischen Grußes bösen Zauber verhindern.

Auch so hochstehende Persönlichkeiten wie Luther und Mozart bedienten sich des Schwäbischen Grußes, Goethe hat ihn gar salonfähig gemacht. Man darf in diesem Zusammenhang auch nicht vergessen, dass die Alltagssprache in früheren Zeiten viel rauer und barscher war.

Goethe legte dem schwäbischen Raubritter Götz von Berlichingen (1480–1562) den Schwäbischen Gruß in den Mund. Dieser Landadlige war weder in Taten noch in Worten zim-

Glasbild im Museum Jagsthausen

perlich. 1504 zerschmetterte ihm eine Musketenkugel die Hand. Daraufhin ließ er sich von einem Büchsenmacher eine eiserne Prothese anfertigen, die bis heute noch in seiner Burg in Jagsthausen existiert. Als er wieder einmal eine Fehde ausfocht, wurde er mit der Reichsacht belegt und seine Burg belagert. Einem kaiserlichen Unterhändler rief er zu: »Mich ergeben! Auf Gnad und Ungnad! Mit wem redet Ihr! Bin ich ein Räuber! Sag deinem Hauptmann: Vor Ihro Kaiserliche Majestät hab ich, wie immer, schuldigen Respekt. Er aber, sag's ihm, er kann mich im Arsche lecken!«

Anmerkung

Wolfgang Amadeus Mozart verfasste 1782 einen sechsstimmigen Kanon mit dem Text:

Leck mich im A[rsch] g'schwindi, g'schwindi!
Leck im A[rsch] mich g'schwindi!

Leck mich, leck mich, leck mich, leck mich, leck mich.

Dieses Werk blieb zu Mozarts Lebzeiten ungedruckt. Seine Witwe Constanze Mozart ließ es aber nach seinem Tod beim Verlag Breitkopf & Härtel publizieren. Dabei wurde der Text wie folgt geändert:

Lasst uns froh sein!
Murren ist vergebens!
Knurren, Brummen ist vergebens,
Ist das wahre Kreuz des Lebens.
Drum lasst uns froh und fröhlich sein!

Ich kann dich nicht riechen

Über 350 Duftrezeptoren verfügt die menschliche Nase, weitere auf der Haut und sogar im Darm, die 10.000 Gerüche unterscheiden können. Der Geruchssinn kombiniert dabei die Signale mehrerer Rezeptoren für den zu erkennenden Geruch. Der Geruch muss also zu den Rezeptoren passen wie ein Schlüssel ins Schloss. Für andere Gerüche sind dann andere Rezeptoren zuständig.

Die Duftrezeptoren sind für unsere Lebensgestaltung weit wichtiger als es uns eigentlich bewusst ist. Vor allem bei der Partnerwahl geht es nicht primär um Aussehen, Stimme oder Kommunikationsverhalten, sondern um den Duft des Partners. Optik und Akustik bieten einen ersten Eindruck, Geruch beeinflusst unbewusst. Duftreize wirken auf das limbische System und den Hypokampus ein, wo unsere Triebe und Emotionen im Gehirn angesiedelt sind.

Duftmoleküle werden über jede Hautpore ausgeströmt. Die Duftwolke umgibt uns Menschen in einem Umkreis von bis zu zwei Metern. Sie besteht aus dem individuellen Körpergeruch, der Auskunft über das genetische Profil gibt, aus dem Schweißgeruch, der aus zersetzten Mikroorganismen auf der Haut besteht, aus Pheromonen, die für die chemische Kommunikation zuständig sind und letztlich auch aus künstlichen Düften, etwa Parfüm oder Kochgeruch, wenn man zum Beispiel gerade Bratkartoffeln gebraten hat. Da aber Riechrezeptoren spezifisch angelegt sind, können sie abweichende Düfte gar nicht wahrnehmen.

Parfüm bleibt also weitgehend wirkungslos, wenn es um die Partnerwahl geht. Untersuchungen haben im Übrigen ergeben, dass im Tierreich durch entsprechende Geruchserkennung Partner bevorzugt werden, die ein möglichst abweichendes Erbgut aufweisen, weil so sichergestellt wird, dass die Nachkommen ein besonders gutes Erbgut erhalten. Wie die Wissenschaftler anhand weiterer Untersuchungen feststellten, ist es bei uns Menschen genauso.

Genau das Gegenteil von dem, was mit der Redewendung »Ich kann dich nicht riechen« zum Ausdruck kommt, wird von Napoleon berichtet. Als nach beendeter Schlacht seine Rückkehr nach Paris absehbar war, ließ er seiner Joséphine eine Nachricht zukommen: »Komme in drei Tagen – Nicht waschen.«

Jemanden am ausgestreckten Arm verhungern lassen

Der ausgestreckte Arm ist ein Machtzeichen, das schon im Alten Ägypten dem Pharao zukam. Im Buch Ezechiel des Alten Testaments – Ezechiel war der Prophet der israelischen Diasporagemeinde im babylonischen Exil – wird dargestellt, wie Jahwe den Arm des Pharao und damit dessen Macht bricht.

Wenn heute jemand einen anderen am ausgestreckten Arm verhungern lässt, so hat er zweifelsohne die Macht dazu. Er verhält sich abweisend, verweigert ihm Hilfe, hält ihn auf Distanz, lässt ihn im Stich, lässt ihn fallen wie eine heiße Kartoffel.

Ein Armutszeugnis ausstellen

Wenn man sich selbst ein Armutszeugnis ausstellt, hat man sich als unfähig erwiesen. Anderen Menschen stellt man ein Armutszeugnis aus, wenn sie offensichtlich nicht in der Lage sind, etwas zu bewerkstelligen, wozu sie eigentlich in der Lage sein müssten.

Früher konnte man sich tatsächlich ein Armutszeugnis ausstellen lassen. Diese Bescheinigung benötigte man, um Armengeld zu beantragen, vor allem um Zivilprozesse – wenn sie dann hinreichende Erfolgsaussicht zeigen – kostenlos führen zu können. Seit dem 19. Jahrhundert wird die Redensart vom ausgestellten Armutszeugnis im übertragenen Sinn auf geistige, moralische oder charakterliche Schwächen und Blößen bezogen. 1980 wurde die Zivilprozessordnung dergestalt geändert, dass anstelle des Armutszeugnisses nunmehr das Recht auf Prozesskostenhilfe besteht.

Fersengeld geben

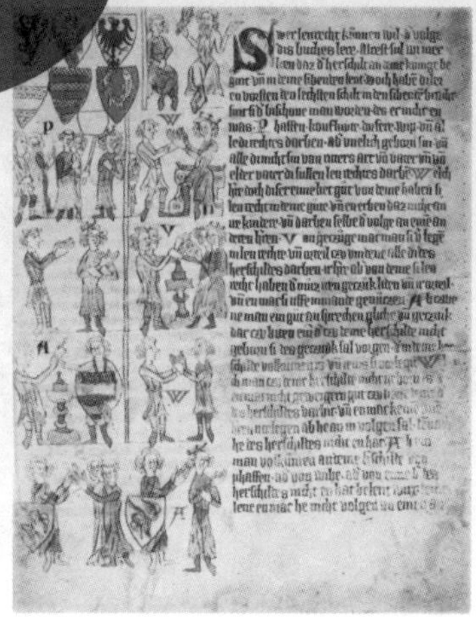

Sachsenspiegel, Heidelberger Fassung

Fersengeld gibt man, wenn man sich vom Acker macht. Diese Redewendung umfasst Begriffe wie fliehen, wegrennen, abhauen, davonlaufen, desertieren, umgangssprachlich auch sich verdrücken, sich davonmachen, das Weite suchen, die Beine in die Hand nehmen oder zusehen, dass man Land gewinnt.

Der Begriff des Fersengeldes geht auf das Hochmittelalter zurück. In dem im ersten Viertel des 13. Jahrhunderts niedergeschriebenen Sachsenspiegel, dem frühesten und bedeutendsten deutschen Rechtsbuch des Mittelalters, wird der *versne pennige* genannt. Dieser wurde fällig, wenn bei den Wenden (veraltete Bezeichnung für die Slawen im deutschsprachigen Raum) eine Ehefrau ihren Mann verlassen wollte. Selbst im katholischen Mittelalter war also eine Scheidung unter bestimmten Umständen möglich. Aber der *versne pennige* hat eher nichts mit der Ferse zu tun, sondern eher mit der Färse, der Bezeichnung für ein junge Kuh, die noch nicht gekalbt hat. Die Abgeltung für den Scheidungswillen der Ehefrau an die Obrigkeit entsprach also dem Gegenwert einer Jungkuh.

Übrigens konnten sich auch Deserteure jener Zeit mit Fersengeld freikaufen. Wer sich dem Kampfgeschehen entzog, zeigte bei der Flucht seine Fersen. Hier war also tatsächlich die Ferse und nicht die Färse gemeint. Eine weitere Erklärung sagt, dass man dem Vormann auf die Fersen tritt, damit er schneller geht.

Im Adamskostüm sein

»Und sie waren beide nackt, der Mensch und seine Frau, und schämten sich nicht.« So steht es im Ersten Buch Mose 2,25. Erst als sie eine Frucht vom Baum der Erkenntnis gegessen hatten, bemerkten Adam und Eva ihre Nacktheit und bedeckten sich mit einem Feigenblatt. Der Schildknorpel des Mannes, der größte Knorpel seines Kehlkopfes, wird volkstümlich als Adamsapfel bezeichnet, weil ihm ein Stück des Apfels, den er von Eva bekam, im Halse stecken geblieben sein soll.

Das Adamskostüm beschreibt das Fehlen von Kleidung am menschlichen Körper. Wer also das Adamskostüm anhat, ist nackt. Auch der Begriff des Feigenblatts hat seine Bedeutung, etwas schamhaft zu verdecken, beibehalten. In der bildenden Kunst dient es zur Verdeckung der Geschlechtsteile von abgebildeten Menschen. In prüden Zeiten hat man nachträglich Feigenblätter an Statuen oder Bildern angebracht. Im übertragenen Sinn bezeichnet der Begriff des Feigenblatts einen Gegenstand, der vor einen anderen Gegenstand gestellt wird, um etwas zu verbergen – etwa eine unschickliche oder unmoralische Absicht.

Ins Fettnäpfchen treten

Wer in das Fettnäpfchen tritt, hat ein Thema angeschnitten, das dem Gesprächspartner unangenehm ist. Es kann auch eine unbedachte Äußerung sein, die den anderen kränkt, einfach ein Fauxpas. Die Redewendung vom Fettnäpfchen findet seit dem 19. Jahrhundert allgemeine Verbreitung, geht aber in ihren Ursprüngen auf das Mittelalter zurück. Damals hatten die Straßen noch kaum Pflaster, schon gar nicht in ländlichen Regionen. Betrat ein Besucher das Haus, wurden seine nassen Schuhe eingefettet. Dafür stand ein mit Fett gefülltes Gefäß an der Tür oder am Ofen. Trat der Besucher aus Versehen in den Napf, dass er umkippte, hinterblieb eine fettige Schmiererei – zum Leidwesen der Hausfrau, die den Boden wieder sauber machen musste. Eine peinliche Situation für den Besucher, der in das Fettnäpfchen getreten war.

Der Fettnapf hatte im Übrigen auch eine andere Funktion. Mit ihm wurde das Fett aufgefangen, das durch das Räuchern von Fleisch über der Feuerstelle anfiel und dann zum Kochen, für Talglampen oder zum Einfetten der Stiefel Verwendung fand. Auch diese Näpfe standen meistens auf dem Boden, und wehe, es trat einer hinein …

Klinken putzen

Bauchladenverkäufer in Bukarest, Zeichnung von Amadeo Preziosi, 1869

Im ursprünglichen Sinn gingen Hausierer und Bettler von Haus zu Haus, um Waren anzubieten oder um eine milde Gabe zu bitten. Dieses Gewerbe ist heute fast ausgestorben, insofern auch auf lange Zeit in Vergessenheit geraten. Aber früher mussten die Bettler und Hausierer viele Klinken in die Hand nehmen, um zum Erfolg zu kommen. Die Klinken wurden dadurch auf Dauer abgewetzt.

Im heutigen Sinn wird mit der Redensart vom Klinkenputzen das Bemühen von Anbietern beim Kunden um Aufträge umschrieben. Dazu muss man vielerorts vorsprechen, um sein Ziel zu erreichen. Im extremen Sinn wird damit auch angedeutet, dass sich der Klinkenputzer bei jemandem für seine Zwecke einschmeichelt. So hat diese Redensart, die sich seit zweihundert Jahren eingebürgert hat, bis heute nichts von ihrem negativen Touch verloren.

Die Bittsteller, die von Tür zu Tür gingen, wurden früher auch Drücker genannt. Wenn man heute von Drückerkolonnen spricht, so sind damit umgangssprachlich Vertretergruppen gemeint, die möglicherweise sogar außerhalb gültiger Regeln Zeitschriftenabonnements, Telefonverträge oder Spenden einwerben. Als besonders geschickte Hausierer galt das fahrende Volk aus dem slawischen Sprachbereich, das waren die Schlawiner genannten Slawonier aus Kroatien oder die Schlawuzi oder Schlawacken aus Slowakien. Sie galten als pfiffig, als gerissene Gauner oder als unzuverlässige Menschen schlechthin, woraus sich bis heute so manches Vorurteil erhalten hat.

In Bausch und Bogen

Nehmt nur mein Leben hin, in Bausch
Und Bogen, wie ich's führe;
Andre verschlafen ihren Rausch,
Meiner steht auf dem Papiere.

aus: Johann Wolfgang von Goethe, Alterswerke, datiert 18. Januar 1832

Den Dichter Goethe hat die Alliteration der »B« fasziniert, doch hat die Redewendung von Bausch und Bogen keinen literarischen, sondern einen handelsrechtlichen Hintergrund. Ganz nüchtern geht es um den mittelalterlichen Verkauf von Grundstücken, als Grundstücksgrenzen noch nicht so eindeutig festgelegt waren wie heute. Stand also ein Grundstück zum Verkauf an, so wurden die Grenzlinien nur generell festgelegt, weil Einbuchtungen und Ausbuchtungen sich in etwa die Waage hielten. Bausch definierte die Ausbuchtung, Bogen die Einbuchtung. Diese Vorgehensweise wurde zunehmend auch vom Warenhandel übernommen, um damit allzu großen Umstand zu vermeiden. Nach allgemeinem Rechtsbrauch handelte man Warengeschäfte nicht bis in alle Details aus, sondern der Käufer übernahm die Ware zu einem vereinbarten Preis, ohne dass jeder einzelne Warenteil im Detail definiert wurden. Konkret heißt dies, dass ein Käufer beispielsweise eine Ladung Mehl in Säcken übernimmt, ohne jeden Sack im einzelnen noch einmal nachzuwiegen.

Die Redewendung vom Bausch und Bogen wird heute meist im Zusammenhang mit einer negativen Einstellung genutzt. Wenn jemand etwas in Bausch und Bogen ablehnt, so tut er das ganz und gar, pauschal, vollständig und diskussionslos. Demjenigen wird dann leicht Kompromisslosigkeit, Leichtfertigkeit oder mangelnde Auseinandersetzung mit den Einzelheiten vorgeworfen. Dann gilt man schnell als arrogant und besserwisserisch.

Handel mit Fuhrwerk 19. Jahrhundert, Zeichnung von Ludwig von Dardel (1817–1901)

Geld auf den Kopf hauen

1/4 Guldiner o. J, geprägt 1506 in Hall, Vorderseite MAXIMILIANVS·ROMANORum mit Büste mit Barett und langem Haar nach links, Rückseite MONETA·NOVA·COMITA-Tis·TIROLIS mit Tiroler Adler nach links blickend und Bindenschild auf der Brust

Auf denjenigen, der leichtfertig Geld ausgibt, trifft die Redewendung vom »Geld auf den Kopf hauen« zu. Diese Redewendung geht auf die Zeit zurück, als die Zentralmacht des Heiligen Römischen Reiches Deutscher Nation schwächer wurde. Die Einzelstaaten hingegen wurden immer selbständiger und hatten sich auch das Münzrecht erworben oder auch einfach angeeignet. Das führte dazu, dass fast jedes große und kleine Fürstentum, fast jede Stadt und fast jedes geistliche Territorium eigene Münzen ausgab. Auf der Oberseite war der Wert angegeben. Und genauso, wie sich der Kaiser auf der Rückseite abbilden ließ, taten dies die Territorialherren im Reich auch. Der Wert all dieser Münzen war unterschiedlich, und so legte man beim Bezahlen die Seite mit der Wertangabe nach oben, den Kopf – also das Herrscherabbild – nach unten. Und wenn man die Münzen auf die damals üblichen Holztische oder Holztheken legte, knallte das ordentlich. Und wer das unbedacht und überreichlich tat, der haute das Geld auf den Kopf.

Etwas auf dem Kerbholz haben

Georgius Agricola: Kerbholz, Kupferstich 1556 (ein Bergbaubeamter prüft die abgelieferte Erzmenge mittels eines Kerbholzes)

Ein Kerbholz ist ein hölzerner Stock, ein Stab oder ein Brett, in dem eingeschnittene Kerben seit der Antike und durch das gesamte Mittelalter hindurch zum Notieren von Schulden, Warenmengen, Arbeitstagen oder Arbeitsergebnissen dienten. Sie waren in der Zeit, in der nur wenige Menschen lesen und schreiben konnten, die Buchhaltung von Händlern und Handwerkern. Man spaltete das Holz mit den Markierungen, dessen eine Hälfte beim Geber, etwa dem Kaufmann oder Gläubiger, verblieb, während die dazugehörige andere Seite an den Kunden oder Schuldner ging. Am vereinbarten Zahl- oder Abrechnungstag wurden beide Teilstücke wieder zusammengelegt. Dann zeigte sich zweifesfrei, ob die Hälften zusammengehörten oder ob manipuliert worden war. Solche Kerbhölzer dienten bis zur Neuzeit vor Gericht als Beweismittel. Und wer also bis zum vereinbarten Zeitpunkt seine Schulden nicht getilgt, Arbeitsleistungen noch nicht bezahlt oder Rechnungen noch nicht beglichen hatte, der hatte etwas auf dem Kerbholz.

Übrigens ist die Methode des Einkerbens noch längst nicht aus der Welt. Wer in der Kneipe Bier trinkt, bekommt vom Wirt Striche auf seinen Bierdeckel gezeichnet, anhand deren Zahl später die Zeche berechnet wird.

Du Armleuchter!

Bezeichnet man eine Person als Armleuchter, so hält man diese Person nicht für besonders intelligent, in der Tendenz auch für hinterhältig. Der Duden erklärt den Armleuchter in erster Linie als blöden Kerl oder Dummkopf und in zweiter Linie als Arschloch. Was hat es damit auf sich?

Zunächst einmal ist der Armleuchter, auch Kandelaber genannt, ein tragbarer Kerzenständer mit zentraler Säule und mindestens zwei Armen, einem an jeder Seite. Es können auch mehr Arme sein. Der bekannteste unter den Armleuchtern ist der Menora genannte siebenarmige Leuchter aus dem Tempel in Jerusalem als eines der wichtigsten Symbole des religiösen Judentums. Das Christentum übernahm dieses Symbol. In vielen romanischen Kirchen ist ein solcher siebenarmiger Standleuchter an prägnanter Stelle platziert. Auch andere Verwendungen sind gebräuchlich, so seit dem 18. Jahrhundert zur Straßenbeleuchtung, nicht mit Wachs, sondern mit Öl oder Petroleum, später auch mit Gas betrieben. Beim Adel wurden die Armleuchter in immer üppigerer Form eingesetzt. In privaten Haushalten sind seit dem 16. Jahrhundert zweiarmige Kerzenleuchter als Tischleuchten gebräuchlich, die dann in Nachahmung adeliger Sitten immer kunstvoller gestaltet wurden. Als Werkstoffe kamen Bronze und Messing zum Einsatz, später auch Silber. Bei der industriellen Produktion ging man auf Gusseisen und Bronzeguss über.

Die Übertragung des Begriffs des Armleuchters auf einen Deppen oder Trottel kann damit erklärt werden, dass ein Armleuchter Licht nur in geringer Reichweite verbreitet. Der so bezeichneten Person wird unterstellt, dass ihr das Licht für erhellende Gedanken fehlt, dass sie keine große Leuchte ist.

Doch am ehesten dient die Bezeichnung Armleuchter als Umschreibung für ein noch derberes Schimpfwort, das man als einen ursprünglich der Soldatensprache entnommenen Euphemismus beschönigend, mildernd oder in verschleiernder Absicht so benennt. Andererseits ist die Absicht auch leicht zu erkennen – beide Begriffe beginnen in ihren Worthälften mit dem gleichen Buchstaben. Alternativ sind übrigens Begriffe wie Astloch oder Handlampe gebräuchlich.

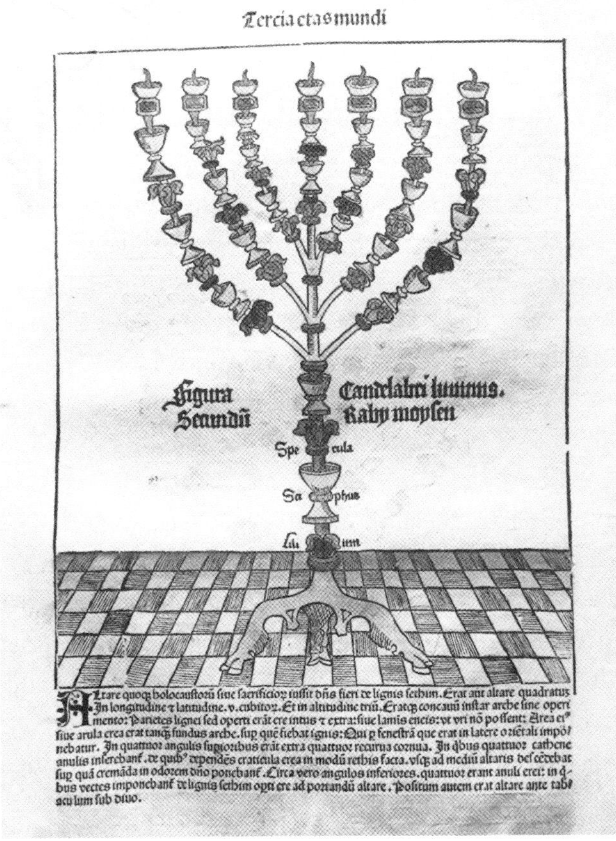

Siebenarmiger Leuchter: Schedels Weltchronik, Nürnberg 1494

Die Klappe halten

Wer aufgefordert wird, die Klappe zu halten, sollte still sein. Diese Redewendung steht in einem möglichen Bezug zu klösterlichen Gottesdienstritualen. In dem den Mönchen vorbehaltenen Chorgestühl hatte jeder der Klosterinsassen seinen eigenen Platz, dessen Sitzvorrichtung als Klappe ausgearbeitet war. Denn die Mönche mussten während der Gottesdienste mehrfach aufstehen und sich wieder setzen, was durch diese Klappvorrichtung erheblich erleichtert wurde. Durch das wiederholte Auf und Ab konnte es einem Mönch passieren, dass sein Sitz mit lautem Knall in die Sitzposition zurück fiel. Dann zischte es von allen Seiten »Halt die Klappe«.

Da die Redensart erst seit Beginn des 20. Jahrhunderts geläufig ist, werden auch Zweifel an ihrer klösterlichen Herkunft geäußert. Mit der Klappe kann auch die Ähnlichkeit zur Kinnlade, wie der Gesichtsvorsprung des Menschen am Unterkieferknochen genannt wird, gemeint sein, die nach Bedarf zum Sprechen geöffnet und dann wieder geschlossen wird. Einen ersten literarischen Niederschlag findet die Redewendung in diesem Sinn in der 1904 erstmals aufgeführten Tragödie *Die Büchse der Pandora* von Frank Wedekind, in der er seinen Protagonisten Rodrigo sagen lässt: *»Es soll einer die Klappe halten, wenn er den Kopf so voll Gedanken hat wie ich«.*

Wenn also jemand die Klappe aufreißt, dann will er sich durch ständiges Reden in den Vordergrund drängen. Eine große Klappe zu riskieren, ist sehr risikoreich, denn dann ist man der Prahlerei überführt. Bekommt jemand etwas auf die Klappe, so wird ihm auf den Mund geschlagen, damit er endlich still ist. Mit der Klappe kann aber auch alles gemeint sein, was einen beweglichen Deckel hat. Wenn einem die Klappe runtergeht, dann will man nicht mehr ansprechbar sein, bricht ein Gespräch, vielleicht sogar den ganzen Kontakt ab und verweigert sich.

Das Chorgestühl der Stuttgarter Hospitalkirche, aus: Carl Alexander Heideloff (Hrsg): Die Kunst des Mittelalters in Schwaben. Denkmäler der Baukunst, Bildnerei und Malerei, Stuttgart 1855–1864

Anmerkung

An der Unterseite der Klappsitze des Chorgestühls sind Konsolen angebracht, die den Mönchen beim Wechsel zwischen Stehen und Sitzen während der Liturgie Halt bieten

Die Arschkarte ziehen

Wer die nach dem Gesäß benannte Karte zieht, hat Pech gehabt, hat die falsche Wahl getroffen, muss Arbeiten durchführen, zu denen er keine Lust hat, und auch eventuell die Schadenfreude derer ertragen, die mehr Glück hatten.

Fußballfans wissen natürlich genau, wo diese Redewendung ihren Ursprung hat. Den Hintergrund bieten ausufernde Regelverstöße, wie sie auch immer wieder bei Weltmeisterspielen vorkommen. Dies war zum Beispiel 1966 beim Viertelfinale Argentinien gegen England der Fall. Nach turbulenten Szenen sprach Schiedsrichter Rudolf Kreitlein mündlich einen Platzverweis gegen einen argentinischen Spieler aus, der diese Anweisung nicht verstand – oder auch nicht verstehen wollte. Weitere Verweise gegen englische Spieler wurden missachtet. Außenstehende bekamen dies nicht mit.

Um die Anweisungen der Schiedsrichter gerade in der Fernsehzeit deutlich sichtbar zu machen, setzte sich der Vorschlag des englischen Schiedsrichters Ken Aston durch, entsprechend den Verkehrsampeln als weltweit verständlichem Symbol farbig zu unterscheidende Strafkarten einzuführen. Gelb steht für eine Verwarnung, rot für einen Platzverweis. Dieses System der farbigen Karten kam erstmals bei der Weltmeisterschaft 1970 zum Einsatz, allerdings wurden damals noch keine roten Karten gezeigt. Dies geschah erstmals bei der Weltmeisterschaft 1974 in

Deutschland im Vorrundenspiel Deutschland gegen Chile, bei dem der Chilene Carlos Caszely vom türkischen Schiedsrichter nach einem Revanchefoul an Berti Vogts den Platzverweis erhielt.

Von William Ralston gezeichnete Szene des ersten internationalen Fußballspiels zwischen England und Schottland 1872

Um in der Hektik des Spiels die Karten nicht zu vertauschen, war es unter den Schiedsrichtern üblich geworden, die häufiger zu verwendenden gelben Karten in der Brusttasche und die roten Karten in der Gesäßtasche zu verwahren. Wenn also der Schiedsrichter in die Gesäßtasche greift, ist derjenige, dem sie gilt, im übertragenen Sinn in einer unangenehmen Situation: Ihm wurde die Arschkarte gezogen!

Das Kind mit dem Bade ausschütten

Die Badekultur hat in unserem Kulturraum seit der Antike eine große Tradition. Thermen zählen zu den großen architektonischen Meisterleistungen des Römischen Reichs. Bestandteil dieser Kultur ist auch die Beschaffung sauberen Wassers über Aquädukte oder die Einrichtung der Häuser mit Hypokausten, den damals üblichen Warmluftheizungen. Solche Hinterlassenschaften aus der Römerzeit bestehen in Deutschland beispielsweise in der Eifelwasserleitung, den großen Thermen in Trier oder etwa auch in den Badeeinrichtungen in den typischen römischen Landhäusern, wie sie zum Beispiel in Ahrweiler ausgegraben wurden.

Nach dem Untergang des Römischen Reichs ging es zunächst barbarisch und recht unhygienisch weiter. Schwimmen war zwar eine ritterliche Tugend, aber wenn man sich die frühen Burgen unseres Landes anschaut, fragt man sich, ob sich ihre Bewohner überhaupt gewaschen haben. Erst durch den Kontakt mit den Arabern bekam das Baden wieder einen neuen Stellenwert. Die mittelalterlichen Badehäuser waren Kontaktstätten und noch viel mehr… Deshalb hatte die Kirche ein besonderes Augenmerk auf diese Einrichtungen. Wegen zunehmender Ansteckungsgefahr wurden diese Etablissements später allerdings wieder geschlossen. Das 19. Jahrhundert entdeckte dann im Zuge des allgemeinen gesellschaftlichen

Das kindt mit dem bad uſz ſchitté.

Ein narr der meint es ſy nit ſchad
Das kindt vß ſchitten mit dem bad
Vnd ſy ſo gůt in die hell geſprungen
Als mit rüüſchen dryn gerungen

Das iſt in aller welt gemein
Das kein vnfal kumpt allein
Er bringt mit im vnglücks genůg
Das mancher narr nie wardt ſo clůg
Wie er ſich ſol vß vnfal ringen
Wa man in wolt von ſym gůtt bringen
Vnd felt im zů ein widermůt
Den im ein narr vff erden thůt
So henckt er ſich dañ ſelbs darzů
Vnd ſchlecht das kalb vß mit der ků
Vnd ſchüt das kindt vß mit dem bad
Zů vnfal macht im ſelber ſchad

Das Kind mit dem Bade ausschütten: Holzschnitt aus Doktor Murners Narrenbeschwerung (1512)

und speziell des medizinischen Fortschritts die Nützlichkeit des Badens neu. Sauberkeit und Hygiene erhielten einen neuen Stellenwert und allgemeine Bedeutung, was sich unter anderem darin zeigt, dass eigentlich alle unsere Wohnungen heute über ein Badezimmer verfügen. Und wen wundert es da, dass so viele Redensarten mit dem Baden zu tun haben?

An vorderster Stelle ist die Redewendung vom Kind, das mit dem Bad ausgeschüttet wird. Man sollte sich das ganz bildlich vorstellen. Ein Kind wird in einer Wanne gebadet. Danach schüttet man das Wasser aus, und vergisst, dass das Kind noch darin ist. Wer solcherart unüberlegt handelt, schießt über das Ziel hinaus, übertreibt maßlos, ist übereifrig, verwirft mit dem Schlechten auch das Gute. Wen wundert es, dass Martin Luther, der dem Volk auf das Maul schaute, sich auch dieser Redewendung bediente und die man in seiner um 1530 handschriftlich gefertigten Sammlung von 489 deutschen Sprichwörtern und Redewendungen mit aufnahm.

Asche aufs Haupt streuen

Die Redewendung von der Asche auf dem Haupt geht auf antike Bräuche zurück. So war es beispielsweise Sitte römischer Feldherren, sich nach einer verlorenen Schlacht zum Zeichen ihrer Schande Asche aufs Haupt zu streuen. Gleichfalls Brauch war es, sich als Zeichen der Trauer die Asche eines Verstorbenen auf Kopf und Gewand zu streuen. Diese Sitte hat sich bis heute in der christlichen Kirche erhalten, wenn der Priester den Gläubigen das Aschermittwochkreuz auf die Stirn zeichnet.

Den religiösen Bezug der Asche als Zeichen der Trauer findet man an mehreren Stellen in der Bibel. Eine dieser Stellen findet man im Zweiten Buch Samuel des Alten Testaments, in dem die Geschichte von Davids erstgeborenem Sohn Amnon und seiner Halbschwester Tamar erzählt wird. Amnon vergewaltigt Tamar und schickt sie nach seiner Tat durch einen Diener auf die Straße. Dazu heißt es: *»Sie hatte ein Ärmelkleid an; denn solche Obergewänder trugen die Königstöchter, solange sie Jungfrauen waren. Sein Diener brachte sie hinaus und schloss die Tür hinter ihr zu.*

Tamar aber streute sich Asche auf das Haupt und zerriss das Ärmelkleid, das sie anhatte, sie legte ihre Hand auf den Kopf und ging schreiend weg«. Im Buch Hiob des Alten Testaments wird die Redensart auch gebraucht. Nachdem Gott Hiob mehrere Prüfungen auferlegt hat, kommen drei Freunde zu ihm, um sein Schicksal zu beweinen. Doch Hiob ist durch eine Krankheit derart entstellt, dass ihn die Freunde nicht wiedererkennen. Entsetzt über den Anblick brechen sie in Weinen aus und streuen sich Asche auf ihre Häupter.

Im Neuen Testament ist die Redewendung von der Asche schon zusätzlich ein Zeichen von Reue. Im Matthäusevangelium 11,21 richtet Jesus über die galiläischen Städte: *»Wenn einst in Tyrus und Sidon die Wunder geschehen wären, die bei euch geschehen sind – man hätte dort in Sack und Asche Buße getan«.* Im Lukasevangelium 10,13 heißt das so: *»Denn wären solche Taten in Tyrus und Sidon geschehen, wie sie bei euch geschehen sind, sie hätten längst in Sack und Asche gesessen und Buße getan«*

Aus dieser neutestamentarischen Bedeutung hat sich dann die heutige Redewendung von der Asche auf dem Haupt weiter entwickelt. Wer sich Asche aufs Haupt streut, will Reue zeigen, büßen oder bedauern. Auch ironisch wird die Redewendung in aschelosen Zeiten von Öl- und Gasheizung gern genutzt, wenn es dem Betreffenden mit seiner Reue gar nicht so ernst ist.

Neue Besen kehren gut

Der irgendwann im 12. Jahrhundert geborene und 1233 gestorbene Wanderkleriker Freidank, wie er sich selbst nannte, hat zwischen 1215 und 1230 ein Werk mit dem Titel *Bescheidenheit* verfasst, in dem er sich kritisch mit den Herrschenden seiner Zeit auseinandersetzt. Das Buch ist in 53 thematische Abschnitte unterteilt, von denen einer den Titel »Von Dieneste« (»Dienst«) trägt und den nachfolgenden Spruch enthält: *»Der niuwe beseme kert vil wol // ê daz er stoubes werde vol«* (= Der neue Besen kehrt gut, bis er voll Staub ist).

Schon damals war offensichtlich die Kenntnis verbreitet, dass jemand, der eine neue Stelle antritt oder eine neue Aufgabe zu bewältigen hat, besonders eifrig arbeitet, dieser Eifer dann aber mit der Zeit wieder nachlässt. Deswegen wird die Redewendung auch gern wie folgt erweitert: »Neue Besen kehren gut – aber die Alten kehren die Ecken«. Damit ist eines der zentralen Probleme der modernen Personalführung angesprochen. Jüngere und gerade auch neue Kollegen sind billiger und motivierter, doch die alten Hasen verfügen über einen breiten Schatz an Erfahrung, den sie im Lauf ihres Berufslebens gesammelt haben. Im Zusammenwirken beider Komponenten liegt der optimale Weg, denn dauerhafter Erfolg ist nur im Team zu erzielen.

Alle Wege führen nach Rom

In der Antike hatte sich Rom zum politischen Zentrum weit über den Mittelmeerraum hinaus entwickelt. Als sich das Christentum im 4. Jahrhundert auszubreiten begann, wollte Kaiser Julian die neue Religion wieder zurückdrängen. Die alte römisch-griechische Religion und östliche Mysterienkulte sollten wieder vorherrschend sein. Für ihn war es wichtig, dass der Weg zur einzig wahren Philosophie nach Athen führt. Doch die Aussagekraft des Millarium Aureum (Goldener Meilenstein) setzte sich auf Dauer durch. Auf dieser vergoldeten Säule, die Kaiser Augustus 20 v. Chr. auf dem Kapitol errichten ließ, waren die Namen aller Hauptstädte der römischen Provinzen mit ihrer Entfernung zur Hauptstadt eingetragen. Denn die wichtigsten Straßen im Reich führten nach Rom. Und diese Säule bildete den Hintergrund für das Sprichwort »Viele Wege führen nach Rom«.

In nachrömischer Zeit waren für den Papst, den Herrn des Vatikans in Rom, der die Herrschaft über die gesamte Christenheit für sich beanspruchte, die »vielen Wege« nach Rom zu wenig. Daraus entwickelte sich die Redewendung »Alle Wege führen nach Rom«. In der mittelalterlichen Literatur wird diese Redewendung dann in unterschiedlicher Weise übernommen. Ein Beispiel bietet der Scholastiker Alanus ab Insulis und in seinem *Liber parabolarum* die folgende Verszeile:

Die Via Appia, die wichtigste Straße im Römischen Reich, aus: Heinrich A. Pierer, Universal-Lexikon der Gegenwart und Vergangenheit, erschienen 1824–36

»Mille viae ducunt hominem per saecula Romam« (»Tausend Wege führen die Menschen immerfort nach Rom«). Geoffrey Chaucer (1342/43–1400), der Autor der *Canterbury Tales*, schrieb: »Verschiedene Wege führen verschiedenes Volk auf rechtem Weg nach Rom.« Ins Deutsche gelangte die Redewendung erst sehr viel später über einen Umweg. Bezug nehmend auf eine Fabel von Jean de la Fontaine »Le Juge arbitre, l'Hospitalier, et le Solitaire«, wo es heißt *»Tous chemins vont à Rome«*, verwendete Voltaire, der ab 1750 mehrere Jahre am preußischen Hof in Berlin zubrachte, dieses Zitat in einem Brief – und darüber soll sich die Redewendung in Deutschland als »Alle Wege …« verbreitet haben. Letztlich besagt diese Redewendung aber, dass es immer mehrere Möglichkeiten gibt, eine Aufgabe zu erledigen.

Literaturverzeichnis

Georg Büchmann: Geflügelte Worte – Der klassische Zitatenschatz (überarbeitete Ausgabe). Ullstein, Berlin 2007.

Duden Sprachwissen: Wer hat den Teufel an die Wand gemalt?: Redensarten – Wo sie herkommen, was sie bedeuten. Duden Verlag, Berlin 2018.

Michael Fenske: Auch ein blindes Huhn trinkt mal einen Korn – Verdrehte Sprichwörter und verunglückte Redewendungen. Groh Verlag, Germering 2014.

Vincent Landré: Deutsche Sprichwörter & Redewendungen – Das große Wörterbuch der deutschen Sprichwörter und Redewendungen. Selbstverlag, 2020.

Klaus Müller (Hrsg.): Lexikon der Redensarten, Herkunft und Bedeutung deutscher Redewendungen. München 2005.

Christa Pöppelmann: Redensarten & Sprichwörter: Herkunft, Bedeutung, Verwendung. Circon Verlag, München 2016.

Christa Pöppelmann: Ich glaub' mein Schwein pfeift! – Die bekanntesten Redensarten & Sprichwörter und was dahinter steckt. Circon Verlag, München 2011.

Lutz Röhrich: Lexikon der sprichwörtlichen Redensarten. Herder, Freiburg 2003.

Register

Ebenfalls im Regionalia Verlag erschienen:

ISBN 978-3-95540-304-1

ISBN 978-3-939722-31-1

ISBN 978-3-939722-52-6

ISBN 978-3-939722-36-6

Jeweils 128 Seiten • 16,5×19,8 cm • Hardcover • 6,95 €